职业身份认同赋能
员工主动性行为机理研究

林丽 著

中国社会科学出版社

图书在版编目（CIP）数据

职业身份认同赋能员工主动性行为机理研究/林丽著 . —北京：中国社会科学出版社，2021.4
ISBN 978 – 7 – 5203 – 8098 – 0

Ⅰ.①职⋯　Ⅱ.①林⋯　Ⅲ.①人事管理—研究　Ⅳ.①D035.2

中国版本图书馆 CIP 数据核字（2021）第 047038 号

出 版 人	赵剑英
责任编辑	李庆红
责任校对	王　龙
责任印制	王　超
出　　版	中国社会科学出版社
社　　址	北京鼓楼西大街甲 158 号
邮　　编	100720
网　　址	http：//www.csspw.cn
发 行 部	010 – 84083685
门 市 部	010 – 84029450
经　　销	新华书店及其他书店
印　　刷	北京君升印刷有限公司
装　　订	廊坊市广阳区广增装订厂
版　　次	2021 年 4 月第 1 版
印　　次	2021 年 4 月第 1 次印刷
开　　本	710×1000　1/16
印　　张	14.75
插　　页	2
字　　数	220 千字
定　　价	86.00 元

凡购买中国社会科学出版社图书，如有质量问题请与本社营销中心联系调换
电话：010 – 84083683
版权所有　侵权必究

目　　录

第一章　绪论 ································· 1
　　第一节　研究背景与研究问题 ····················· 1
　　第二节　研究意义 ··························· 3
　　第三节　研究内容与研究方法 ····················· 5
　　第四节　技术路线与总体框架 ····················· 8

第二章　相关理论与文献综述 ························ 10
　　第一节　基本理论 ··························· 10
　　第二节　主动性行为研究综述 ····················· 26
　　第三节　职业身份认同研究综述 ···················· 35
　　第四节　角色宽度自我效能感研究综述 ················· 44
　　第五节　组织氛围研究综述 ······················ 47
　　第六节　现有研究述评 ························ 60

第三章　理论模型构建及研究假设 ······················ 64
　　第一节　职业身份认同的形成机制研究 ················· 64
　　第二节　职业身份认同对主动性行为的直接作用研究 ········· 67
　　第三节　组织氛围的调节效应研究 ··················· 71
　　第四节　从职业身份认同到主动性行为的总体作用模型 ······· 75

第四章　实证研究设计 ···························· 76
　　第一节　摸底调研 ··························· 76

第二节　样本选择 ………………………………………… 89
　　第三节　调研问卷的设计 ………………………………… 90
　　第四节　预调查实施及结果分析 ………………………… 100
　　第五节　正式调查问卷的产生 …………………………… 116

第五章　大样本调研与假设的验证分析 ……………………… 118
　　第一节　大样本调研 ……………………………………… 118
　　第二节　正式量表的信效度检验 ………………………… 122
　　第三节　正式调研数据的分析 …………………………… 124
　　第四节　理论假设检验 …………………………………… 134

第六章　结果分析与对策建议 ………………………………… 142
　　第一节　结果总体分析 …………………………………… 142
　　第二节　结果对比分析 …………………………………… 145
　　第三节　对策建议 ………………………………………… 148

第七章　研究结论、贡献与展望 ……………………………… 164
　　第一节　研究结论 ………………………………………… 164
　　第二节　贡献与启示 ……………………………………… 165
　　第三节　研究不足及展望 ………………………………… 167

附录1　摸底调研提纲 …………………………………………… 170

附录2　摸底调研企业及人员名单 ……………………………… 174

附录3　预调研问卷 ……………………………………………… 177

附录4　正式调研问卷 …………………………………………… 181

附录5　研究变量的差异分析结果 ……………………………… 185

参考文献 ………………………………………………………… 208

第一章 绪论

第一节 研究背景与研究问题

一 研究的背景

1. 主动性工作行为成为未来企业工作的主要形式和要求

主动性行为是 21 世纪员工最重要的工作行为[1][2]，也是现代企业管理急需的员工行为[3]。传统管理模式中只需要员工遵从特定指令和任务说明书，而当前组织管理环境发生了变化，组织越来越分散化，面临的环境变化越来越快、不确定性越来越高、竞争越来越激烈，对创新的要求越来越高，所以现代企业管理中更加凸显了对员工主动性行为的要求。对企业的大部分岗位而言，主动性行为也从一种角色外行为转变为角色内行为。在当今多变的管理环境下，企业在经营管理中逐渐放权和采用目标导向，企业对员工的工作行为要求从强调执行力向强调主动性转变，越来越多的工作要求员工自主决策、组织资源、灵活应变以达到工作目标。

2. 现代企业中员工的主动性工作行为不足

一方面，管理效益的体现需要充分发挥员工的主动性；另一方

---

[1] Frese M, Fay D, "Personal initiative: An active performance concept for work in the 21st century", *Research in Organizational Behavior*, Vol. 23, No. 2, December 2001, p. 133.

[2] 夏霖、王重鸣：《个人主动性：21 世纪的新型工作模式》，《技术经济》2006 年第 10 期。

[3] Grant A M, Ashford S J, "The dynamics of pro-activity at work", *Research in Organizational Behavior*, Vol. 28, December 2008, pp. 3 – 34.

面，员工工作的主动性不足成为现实问题。在企业中由于传统命令与执行型的管理模式的影响，使员工习惯于被动以及机械执行上级命令，工作中缺乏个人主动性，如缺乏创新行为、主动学习行为、建言行为等典型主动性行为；在科技研发、市场开拓等主动性需求较强的岗位中，员工由于对主动性行为的需求及自我认识与驱动等问题，也较难满足企业对相关岗位工作主动性及相关业绩的要求。综上，企业中普遍存在员工主动性行为不足的问题。

3. 现代企业员工的职业观发生了变化

一方面，随着现代企业中新生代员工的逐渐增加，员工自我意识、职业价值观等都发生了变化，员工对职业与自我实现之间的联系更加看重，不再从一而终坚守在一家企业里，特别是随着互联网的发展，使就业市场的信息及机会增多，就业市场的透明化程度增强，员工的就业选择增多，员工对企业的忠诚度降低，在就业时从对企业的忠诚转换为对职业的忠诚；另一方面，企业管理中也在推行多元化用工方式，并享受由此带来的最优化人力资源利用成本。因此，传统的"铁饭碗"模式将逐渐被灵活的用工方式取代，由此带来了员工归属感降低、组织承诺度低，从而工作效率降低的问题，需要企业管理的实践者和理论研究者关注员工和企业的和谐发展、共同进步问题。

4. 职业身份认同问题成为时代热点问题

认同问题是时代热点问题，当前研究涉及大到民族认同、国家认同、文化认同，小到职业认同、身份认同、自我认同。员工的职业身份认同不仅是职业身份价值内化为情感体验与自我激励的过程，而且是职业身份行为转化为自我控制的过程，从而构成员工主动性行为的前提和基础。随着员工职业发展的非连续性和无边界职业生涯的逐渐普及，员工职业身份的变化频率越来越大。[①] 对企业来说，员工对其职业身份的认同内容和程度影响了企业组织与管理员工的内容和维度；对员工来说，职业身份认同成为员工职业发展的重要指导。因

[①] 韦慧民、刘洪：《职场身份建构及其管理研究述评》，《商业经济与管理》2014年第5期。

此，培育员工积极的职业身份认同，提升员工主动工作的自发意识，对现代管理情景下推动组织管理创新、促进员工自由发展具有重要的实践意义，对吸引和留住优秀员工至关重要。

二 研究的问题

综上，有必要研究新时期员工主动性行为的现状，从职业身份认同角度研究主动性行为的动因，以及员工职业身份认同的形成机制，将员工对自身职业身份的认同和企业的组织社会化工作结合在一起，达到员工与企业在目标和利益上的一致。因为当员工进入一个新的职场或变更当前工作（如晋升、调动工作岗位）时，职业身份认同问题就产生了，而职业身份认同的内容和程度直接影响到员工的后续主动性工作行为，所以有必要弄清楚二者之间的影响机制；主动性行为的自发性特点也决定了主动性行为的管理和激发需要从员工的内部动因角度进行突破，而职业身份认同这一内生性动因是很好的选择。本书拟从微观视角这一管理的根本性视角研究员工的职业身份认同、主动性行为，提供从职业身份认同这一内生性动因角度提高员工主动性行为的理论指导。

第二节 研究意义

一 理论意义

（1）从计划行为理论、角色认同理论、激励理论出发，推演和完善从员工职业身份认同到主动性行为的作用机理模型。验证计划行为理论中行为意愿影响行为的主要观点及其他相关观点，弥补计划行为理论在态度、行为以及态度与行为的关系中的欠缺；验证角色认同理论中角色认同影响角色行为的主要观点及其他相关观点，弥补角色认同理论中忽视角色行为意愿与角色行为的差别及二者之间的作用机理的不足；将激励理论融入理论模型中，解释主动性行为产生的内部动机与外部动机，将职业身份认同、角色宽度自我效能感作为内部动机来源，将组织氛围作为外部动机来源，验证针对主动性行为，内部动机和外部动机作用的差异。最终，将计划行为理论、角色认同理论、激励理论的中的有关思想进行充分融合，综合建立职业身份认同对主动性行为的影响的理论模型。

（2）在角色认同理论、社会认知理论、参照群体理论的基础上，考虑中国情境及职业身份认同的特殊性，构建个人认同、社会认同与职业身份认同相互作用的关系模型，进一步验证上述理论的相关观点在职业身份认同形成机制中的适用性和变化性。

（3）针对当前理论研究中对职业身份认同的内涵、构成及测度不足的问题，深入剖析职业身份认同的概念及内涵，并在理论研究的基础上建构职业身份认同的构成维度，在此基础上通过相关研究建立高信效度的职业身份认同的测量量表。

（4）探讨角色宽度自我效能感这一代表员工对更宽泛和更积极的工作任务的信心的构念在职业身份认同对员工主动性行为的影响中的作用。在模型中加入角色宽度自我效能感对主动性行为意愿及主动性行为的作用，对比其对二者的作用差异。

（5）探讨组织氛围在职业身份认同对主动性行为的影响机制中的作用。研究选择对员工的主动性行为有重要影响的特定组织氛围，并将其加入研究模型，分别研究各特定组织氛围在职业身份认同对主动性行为的影响机制中的作用及其大小，从而进一步完善本书的研究模型。

二　实践意义

对于员工个人而言，本研究有利于员工的自我管理。（1）帮助员工建立合理的职业身份认同；（2）评价员工的职业身份认同在价值认同、情感认同、行为认同各维度的情况，从而更好地指导员工进行职业规划与开发；（3）帮助员工评估自己从事更广泛工作的信心，从而增强其工作主动性；（4）帮助员工正确认识工作中的主动性行为；（5）帮助员工提高工作中的主动性行为，从而促进其个人发展与提升。

对于企业而言，该研究有利于：（1）帮助企业了解员工的职业身份认同情况。根据职业身份认同预测、评价员工未来的主动性行为，帮助企业更好地选人用人。（2）指导企业提高员工的职业身份认同。即通过个人认同、社会认同的影响作用，提高员工的职业身份认同。员工是否认同该职业岗位的身份是企业留住人才和进行有效人力资源管理最关键的因素。通过提高员工的职业身份认同，可以弥补企业传统薪酬激励的不足，留住人才，同时降低成本。（3）帮助企业提高员工的主动性行为意愿。通过管理提高员工的职业身份认同，有效提高员工的主动性行为意愿。（4）帮助企业提高员工的主动性行为。管理者可以从本研究中员工主动性行为的各种影响因素（如职业身份认同、角色宽度自我效能感、主动性行为意愿、组织氛围）出发，采取相应的人力资源管理策略和支持措施来提高企业员工的主动性行为水平，从而帮助企业获取更好的管理效益。（5）帮助企业了解和掌握主动性行为管理中的重点和关键员工，以及相应的重点和关键工作。通过本书从多个维度对员工类型的划分和对比的研究，发现上述问题员工，从而有针对性地进行管理以提高员工的主动性行为水平。（6）本研究的成果也有利于落实人本管理理念，为组织结构扁平化、节约管理成本、提高管理效益提供借鉴。

第三节　研究内容与研究方法

一　研究内容

本书主要研究从职业身份认同到主动性行为是如何转变的，并探讨管理干预在这一转变过程中的作用。从员工行为的角度来说，职业身份认同可用以解释"想做"这一概念，主动性行为可用以解释"会做"这一概念，但从"想做"到"会做"之间必然还存在其影响机制。本研究拟揭开员工从"想做"到"会做"之间的黑箱。其间涉及以下主要内容。

（1）相关理论与文献研究。对计划行为理论、角色认同理论、激励理论的深入研究与探讨。理解以上理论的内容，分析各理论及其模型中相关概念的内涵、模型适用范围，以及以上理论对本研究的启示及不足之处；主动性行为的概念界定及其内涵，主动性行为的影响因素、分类、作用等相关研究综述；职业身份认同的概念及内涵界定、影响因素、维度与测量、对工作行为的影响研究；角色宽度自我效能感的概念与内涵、影响因素，与主动性行为意愿或主动性行为的关系的研究梳理；组织氛围的概念及内涵研究，选择特定组织氛围作研究的必要性，本研究的三个特定组织氛围（感知组织支持、感知组织压力/机会、过去行为经验）的选定，以及分别对三个特定组织氛围的概念与内涵、影响因素、维度与测量、对主动性行为的影响作相关研究的梳理。

（2）理论模型的构建及研究假设的提出。以上述理论分析为基础，研究建立本书的相关研究模型和相应假设。包括以下几方面。

职业身份认同的形成机制模型。从角色认同理论，社会认知理论、参照群体理论等出发，分析并建立影响职业身份认同的因素，对每个因素进行概念及内涵界定，并建立相关模型。

从职业身份认同到主动性行为之间的转化机制。通过对计划行为理论、角色认同理论的研究与反思，针对职业身份认同与主动性行为的特殊性，修正以上理论模型，并加以融合，加入其他相关变量（角色宽度自我效能感、主动性行为意愿），建立从职业身份认同到主动性行为转化的机制模型。

从主动性行为意愿到主动性行为之间的影响机制。通过对计划行为理论、角色认同理论、激励理论的深入研究与反思、运用，研究影响主动性行为意愿到主动性行为的主要企业管理情景因素，建立相关模型阐释从主动性行为意愿到主动性行为之间的原理。

根据以上研究模型及相关前期研究成果建立相关假设，并将以上研究综合为本研究的理论模型。

（3）进行实证研究设计。首先通过摸底调研初步验证上述理论假设的存在性，以及为后续实证研究设计提供基本指导，此步骤需要设计摸底调研内容、选择调研对象、进行调研及结果分析；在摸底调研结果的指导下，拟订预调研样本选择方案，针对理论模型中的每个构念，通过理论分析、专家意见等建立相关量表进行度量，并通过预调研对量表问卷进行信效度检验及调整，形成最终的正式调研问卷。

（4）大样本调研与假设的验证分析。将最终形成的正式问卷进行大样本调研，利用回收数据进行相关分析，包括不同类型员工的数据差异分析、模型中各构念的相关分析，并进行理论假设检验。

（5）对实证研究的结果进行分析和应用。对以上实证数据进行分析，解析数据背后的含义，利用相关理论，结合差异分析结果、企业实际调研情况阐释原因，找到企业管理中存在的问题，并提出相应的对策建议。

（6）研究总结与展望。总结本研究的成果、理论贡献与管理启示，探讨存在的不足，并对今后的研究提出建议。

二　研究方法

（1）文献研究法。利用文献研究法对计划行为理论、角色认同理论、激励理论等本研究所用理论进行阐述和深度澄清，以便掌握理论中的概念内涵及相互之间的关系，以及理论研究和应用的对象和范畴。运用文献研究的方法收集和整理国内外关于职业身份认同、主动性行为、角色宽度自我效能感、组织氛围方面的相关资料，包括概念及内涵、影响因素、维度与测量、后效（主要是与主动性行为的关系），进行现有研究的述评，以及在本研究中的应用和不足。通过上述研究，为本研究找到理论基础和相关的文献研究支持，以及本研究中可以突破的理论创新点，并据此创建有效的理论模型。

（2）访谈法。本研究采用一般访谈法和专家访谈法。文献研究只是一种"纸上谈兵"式的推演过程，而且其研究过程借鉴了很多过去的、国外的研究成果，面对新时期员工新的职业观点、工作行为特点，以及中国管理情景中员工思想行为的特殊性，需要进一步深入具体企业，通过访谈研究方法收集中国企业中员工（如主动性行为需求较强的岗位的员工）的职业身份认同情况和影响因素，以及相应的主动性行为观点和意愿等方面的资料，并结合相关领域专家意见综合形成企业管理实践中的职业身份认同和主动性行为相关问题及其二者之间转化的影响因素，为下一步的问卷设计及对策建议的提出建立基础。除此之外，本书中特别采用半结构化访谈法进行了预调研之前的摸底调研，初步验证了理论模型，为后续调研提供了指导。

（3）问卷调查法。问卷调查法是本研究进行实证研究收集数据资料的重要方法。在文献与理论研究和实际访谈的基础上，设计规范的调查问卷，用以测度理论模型中建构的各个构念，为进一步的量化分析奠定基础。

（4）定量分析法。利用 SPSS、AMOS 软件对预调研、正式调研收集的数据进行统计分析，检验调查问卷的信度、效度，对背景变量进行差异分析，进行变量之间的相关分析、检验理论模型中构建的相关假设。

第四节　技术路线与总体框架

本书的技术路线为：针对本选题，明确研究目的和意义。通过文献分析和理论研究奠定本研究的理论基础，找到理论上的支持及突破口，并进行相关文献综述。通过理论分析、专家访谈等建立理论模型与研究假设。进行实证研究，通过半结构化访谈法对典型企业进行摸底调研，初步验证模型与假设的合理性，并为后续调研提供指导；通过理论研究、访谈法等方法编制初始问卷，进行预调研并通过统计分析软件对问卷的信效度进行分析验证，以及修订问卷；进行正式大样本调研，利用相关统计软件对调研数据进行定量分析，并对提出的假设进行验证。对实证研究结果进行总体分析和对比分析，利用文献分析、理论研究专家访谈法分析相关结果成立（不成立）的原因，为企业提供相关的管理对策建议。得出本研究的结论，以及相应的贡献和价值、不足及展望。本书的技术路线如图 1-1 所示。

研究方法	研究内容和框架
文献分析 理论研究	研究目的和意义 理论基础与变量分析　　　文献综述 计划行为理论　　　　　主动性行为 角色认同理论　　　　　职业身份认同 激励理论　　　　　　　角色宽度自我效能感 　　　　　　　　　　　组织氛围
理论分析 专家访谈	研究假设理论框架 理论模型 研究假设
理论研究 访谈法 问卷调查法 定量分析法	实证研究 摸底调研 问卷开发与预调研 大样本调研 数据分析与假设检验
文献分析 理论研究 专家访谈	结果分析与对策建议 研究结论、贡献与展望

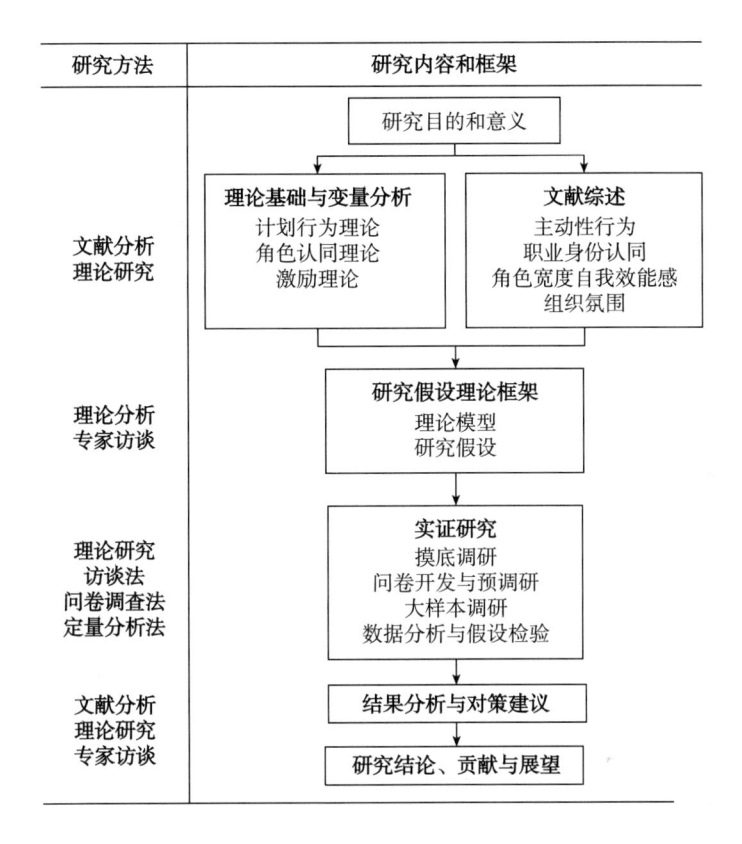

图 1-1　本书技术路线

第二章　相关理论与文献综述

第一节　基本理论

一　计划行为理论

计划行为理论（Theory of Planned Behavior）由 Ajzen 于 1985 年在理性行为理论的基础上经过改进提出。计划行为理论是社会心理学中最著名的态度行为关系理论，该理论认为行为意向是影响行为最直接的因素，行为意向反过来受行为态度、主观规范和知觉行为控制的影响。[①] 计划行为理论的模型如图 2-1 所示。

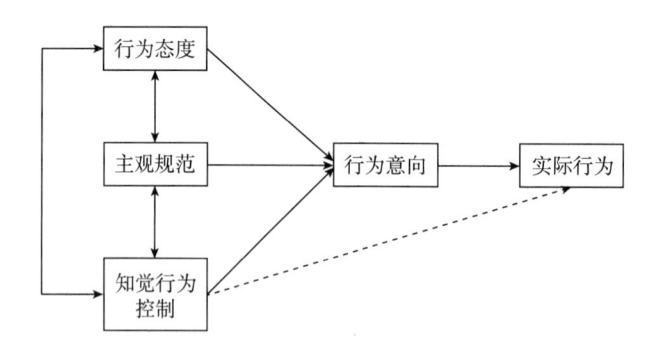

图 2-1　计划行为理论模型

[①] Ajzen I, *From intentions to actions: A theory of planned behavior*, *Action control*, Springer Berlin Heidelberg, 1985, p. 26.

行为态度（Attitude）是指个人对该项行为所抱持的正面或负面的感觉，是个人对行为意向的显著影响因素。行为态度受两方面因素的影响，一是对行为结果发生的可能性的信念，二是对行为结果的评估，二者共同决定行为态度。

主观规范（Subjective Norm）是指个人感知到的来自针对某一行为的特定社会圈子的压力。[1] 该圈子通常指同事、朋友、家庭成员以及其他重要人士。人们会倾向于顺从这些社会圈子的意见。根据社会期望理论，人们会做出他人期望的行为。主观规范指对于是否采取某项特定行为所感受到的社会压力，即在预测行为意向时，那些对个人的行为决策具有影响力的个人或团体对其是否采取某项特定行为所发挥的影响作用大小。规范信念与顺从动机共同决定了主观规范强度。规范信念是个体预期到重要他人或团体对其是否应该执行某项特定行为的期望。顺从动机指个人顺从重要他人或团体对其所抱期望的强度。主观规范被广泛应用于市场营销，如主观规范对消费者购买意愿的影响[2][3][4]，特定行为如绿色消费行为[5]、远程工作意愿[6]、建言行为[7]、创业行为[8]的研究中。

知觉行为控制（Perceived Behavioral Control）指个人预计到的某

---

[1] Ajzen I, "The theory of planned behavior", *Organizational behavior and human decision processes*, Vol. 50, No. 2, 1991, p. 181.

[2] 李东进、吴波、武瑞娟：《中国消费者购买意向模型——对 Fishbein 合理行为模型的修正》，《管理世界》2009 年第 1 期。

[3] 张辉、白长虹、李储凤：《消费者网络购物意向分析——理性行为理论与计划行为理论的比较》，《软科学》2011 年第 9 期。

[4] 邓新明：《中国情景下消费者的伦理购买意向研究——基于 TPB 视角》，《南开管理评论》2012 年第 3 期。

[5] 俎文红、成爱武、汪秀：《环境价值观与绿色消费行为的实证研究》，《商业经济研究》2017 年第 19 期。

[6] 齐昕、刘洪、林彦梅：《员工远程工作意愿形成机制及其干预研究》，《华东经济管理》2016 年第 10 期。

[7] 刘灿辉：《基于计划行为理论的员工建言行为发生机制》，《北方经贸》2016 年第 8 期。

[8] 苗莉、何良兴：《基于异质性假设的创业意愿及其影响机理研究》，《财经问题研究》2016 年第 5 期。

项行为的难易程度，它是行为意愿的显著影响因素。[1][2] 控制信念与知觉强度共同决定了知觉行为控制。控制信念指个体感知到的可能促进和阻碍执行行为的因素，知觉强度是指个体感知到这些因素对行为的影响程度。知觉行为控制与自我效能感不同，自我效能感指的是自我工作能力的评估（对自身能力的信心或信念）、知觉行为控制指的是对工作难易程度的评估。知觉行为控制包括两个方面的评估，第一是自我效能，第二是感知行为可控性。但很多学者将二者作为同义词，并采取相同方法进行度量。资源获取难易程度和行为产生的机会大小是影响知觉行为控制的两个主要的因素。[3] 知觉行为控制的影响方式有两种，一是影响行为意向，二是直接影响行为。在虚拟团队[4]、网络购买行为[5]等方面的研究中，都有有关知觉行为控制可预测行为意愿的研究。

行为意向（Behavior Intention）是指个人对于采取某项特定行为的主观概率的判定，它反映了个人对于某一项特定行为的采行意愿。研究表明，行为意向可以很好地预测实际行为，即较高的行为意愿导致较强的行为。[6][7]

---

[1] Ajzen I, "The theory of planned behavior", *Organizational behavior and human decision processes*, Vol. 50, No. 2, 1991, p. 191.

[2] Armitage C J, Conner M, "Efficacy of the theory of planned behaviour: A meta analytic review", *British Journal of Social Psychology*, Vol. 40, No. 4, December 2001, pp. 471 – 499.

[3] Conner M, Armitage C J, "Extending the theory of planned behavior: A review and avenues for further research", *Journal of Applied Social Psychology*, Vol. 28, No. 15, August 1998, pp. 1429 – 1464.

[4] Wu S, Lin C S, Lin T C, "Exploring knowledge sharing in virtual teams: A social exchange theory perspective", paper delivered to System Sciences, Proceedings of the 39th Annual Hawaii International Conference on IEEE, Kauai, HI, USA, January 4 – 7, 2006. p. 34.

[5] Pavlou P A, Fygenson M, "Understanding and predicting electronic commerce adoption: An extension of the theory of planned behavior", *MIS Quarterly*, Vol30, No. 1, March 2006, pp. 115 – 143.

[6] Heirman W, Walrave M, Ponnet K, "Predicting adolescents' disclosure of personal information in exchange for commercial incentives: An application of an extended theory of planned behavior", *Cyberpsychology, Behavior, and Social Networking*, Vol. 16, No. 2, October 2012, pp. 81 – 87.

[7] Pelling E L, White K M, "The theory of planned behavior applied to young people's use of social networking web sites", *Cyber Psychology& Behavior*, Vol. 12, No. 6, September 2009, pp. 755 – 759.

行为（Behavior）是指个人实际采取行动的行为。

计划行为理论认为：行为态度、主观规范、知觉行为控制是影响行为意向的三个主要变量，三者与行为意向均为正向影响；行为不仅受行为意向的影响，还受行为执行人的个人能力、机会及资源等实际条件（此三者构成了行为的难度，即知觉行为控制）的制约，此处的行为指理性行为，或非个人意志完全控制的行为；计划行为理论中从知觉行为控制到实际行为之间有一条虚线，代表知觉行为控制可以替代实际控制条件的状况，直接预测实际行为发生的可能性；但是预测的准确程度依赖于知觉行为控制的真实程度；个人及社会文化等因素，如人格、智力、经验、年龄、文化背景、性别等，通过影响行为信念间接影响行为态度、主观规范和知觉行为控制；行为态度、主观规范、知觉行为控制相互之间有影响，并可能受共同的信念基础的影响。

计划行为理论这一经典理论中将行为态度、主观规范、知觉行为控制作为自变量研究其对行为意愿的影响。计划行为理论假定行为的发生始于信念、然后从信念评估到产生行为意向，最后产生行为。计划行为理论中的所有构念，包括态度、知觉行为控制、主观规范、行为意向等，均是针对特定行为的，且该行为是在特定时间与环境内、针对特定目标做出的外显型、可测的特定行为。

计划行为理论也存在需改进之处。根据美国著名心理学家埃略特·阿伦森[①]（Elliot Aronson）的观点，该理论适用的范围是行为意愿对有意行为的预测，而这里的行为意愿是经过思考后表现出来的理性态度。根据自我知觉理论（self-perception theory），"态度决定行为"这一结论中的态度是不经思考表现出来的态度，而行为是自发主动性行为。[②] 计划行为理论中的假设也受到了一定质疑：如认为习惯

[①] ［美］埃略特·阿伦森：《社会心理学：阿伦森眼中的社会性动物》，侯玉波译，机械工业出版社2014年版，第163页。

[②] ［美］埃略特·阿伦森：《社会心理学：阿伦森眼中的社会性动物》，侯玉波译，机械工业出版社2014年版，第103页。

决定行为，而非认知[1][2]；也有人在行为意愿与实际行为之间加入了中介变量进行研究，如加入行为经验[3]、行为的执行意向作为中介[4]；或加入调节变量，如预期后悔研究行为意向与实际行为之间的关系[5]，等等。

本研究建立的是职业身份认同到主动性行为的作用机制模型，是两个不同领域的概念。职业身份认同这一对待职业身份的态度因认同程度而不同，可能是发自内心的内部认同（不经思考自然而然产生的），也可能是外部认同（经过理性思考后得到的认同感）；同时主动性行为包括有意行为与无意行为，角色内行为（被动型主动行为）与角色外行为或组织公民行为（主动型主动行为）。另外，计划行为理论认为行为意愿是实际行为的主要影响因素，但是在主动性行为研究中，由于主动性行为是一种非强迫性行为，且行为人是否采取该行为，除了有行为意愿外，还需要考虑企业环境是否支持、行为的后果等因素。因而，需要修正计划行为理论模型中的不足，建立从职业身份认同到主动性行为的作用机理模型。

尽管如此，计划行为理论对本研究仍然提供了如下假设基础：（1）个人对于某项行为的态度越正向，则个人的行为意向越强（用于假设4之行为认同）；（2）周围社会环境对某行为的态度会影响个人对该行为的意向（用于假设8）；（3）行为意愿是实际行为的重要影响变量（用于假设7）。

---

[1] Aarts H, Verplanken B, Knippenberg A V, "Predicting behavior from actions in the past: Repeated decision making or a matter of habit?" *Journal of Applied Social Psychology*, Vol. 28, No. 15, August 1998, pp. 1355 – 1374.

[2] Sutton S, "The past predicts the future: Interpreting behavior – behavior relationships in social psychological models of health behavior", *American Psychological Association*. https://psycnet.apa.org/record/1994 – 98677 – 004. 1994.

[3] Bamberg S, Ajzen I, Schmidt P, "Choice of travel mode in the theory of planned behavior: The roles of past behavior, habit, and reasoned action", *Basic & Applied Social Psychology*, Vol. 25, No. 3, September 2003, pp. 175 – 187.

[4] Gollwitzer P M, "Implementation intentions: Strong effects of simple plans", *American Psychologist*, Vol. 54, No. 4, July 1999, pp. 493 – 503.

[5] 魏新东、汪烁璇、傅绪荣：《预期后悔作为计划行为理论新变量的研究进展》，《心理研究》2017年第2期。

二 角色认同理论

角色认同理论（Role Identity Theory）是认同理论的一个分支，归属于社会心理学，由 McCall 等于 1978 年提出。角色认同理论认为个体在社会生活中扮演的角色不同，从而赋予这些角色不同的典型意义与期望，并作为自我概念的重要组成部分，按照自我的角色想象采取相应的行为。角色认同理论是角色理论与认同理论的融合。

（一）角色理论

角色理论（Role Theory）是用角色的概念研究人的社会行为的一种理论。强调了社会关系而不是心理因素对人的行为的影响。该理论将戏剧中的"角色"这一专门术语用到社会生活中的行动者。角色理论的内容包括角色学习、角色理解、角色认知、角色期待、角色扮演、角色选择、角色模糊（不清楚角色期待）、角色超载（无力全部实现感知到的角色期待）、角色冲突，等等，被广泛应用于人类学、社会学和心理学的研究中。

角色理论主要分为结构角色理论和过程角色理论两大流派。[①] 前者认为社会组织是由各种各样相互联系的地位或位置组成的网络，个体在这个网络中扮演各自的角色。每个角色除了反映地位和结构外，还承担着相应的角色期望。角色期望包括"剧本期望""其他演员期望""观众期望"。"剧本期望"是特定的规范结构和社会关系，类似戏剧的脚本，规定了不同位置上的个体如何行动；"其他演员期望"是互动情景中其他行动者的要求；"观众期望"来自外界，制约着各种不同地位上的个体的行为，个体总是在不断调整自己以适应以上期望。结构角色理论认为，人类所有的行动受结构和期望的制约。

过程角色理论认为角色的结构位置不是固定的，角色除了是期望的表现外，还受互动过程的支配。在个体与他人、群体之间互动的过程中，个体创造、建构和改变角色。结构角色理论是过程角色理论的前提和基础，过程角色理论是结构角色理论的补充和完善。角色理论中最重要的概念是社会地位。社会地位将人分为不同角色，并配置以

[①] 奚从清：《角色论：个人与社会的互动》，浙江大学出版社 2010 年版，第 21 页。

相应角色行为，如教师教书育人，同时，角色行为中包含个性的部分。伴随着角色行为期望，扮演某一角色的人会被激励去做该角色下的行为，称为角色期待。

Schuler 于 1987 年首次在企业人力资源管理中使用角色理论，强调员工态度与组织的战略和绩效的关系，建立了员工态度和行为对组织战略目标和功能的影响。他认为不同的组织战略要求不同的员工角色行为，从而需要通过相应的人力资源管理实践控制和建立相对应的态度和行为。

（二）认同理论

认同理论（Identity Theory）分为源自美国的以微观社会学中符号互动论（Symbolic Interactionism）为基础的认同理论和源自欧洲社会心理学的社会认同理论（Social Identity Theory），前者讨论了行为如何根据角色进行组织，而后者则聚焦于社会规范、刻板印象等效应对行为产生的影响。

1. 认同理论

认同理论根据自我与社会之间的关系来解释行为，是美国微观社会学中的符号互动论的传承与发展。符号互动论源自德国的历史主义，但美国微观互动主义将其思想发挥到极致。[1] 美国心理学家威廉·詹姆士（William James）1890 年首次提出了"自我概念"（self-concept）理论，将人分为生理自我、心理自我和精神自我，认为人应当将自己作为客体来看待，该思想为后续研究奠定了理论视角基础[2]；库利（Coolie）[3] 在詹姆士的思想基础上进一步提出，自我概念的形成是通过与他人的交往与互动产生的。个人会根据他人对自己的看法来认识自己，即个人理解的自己均是个人意识到的他人对自己的看法，是"镜中我"（the looking-glass self），因而每种社会关系均会体

---

[1] Randall Collins, *Four sociological traditions*, New York: Oxford University, 1994.
[2] 转引自 Marsh H W, "Global self-esteem: Its relation to specific facets of self-concept and their importance", *Journal of Personality & Social Psychology*, Vol. 51, No. 6, December 1986, pp. 1224–1236.
[3] ［美］库利：《人类本性与社会秩序》，包凡一、王湲译，华夏出版社 2020 年版，第 118 页。

现一种自我概念，这些概念构成了自我的身份。库利之后，芝加哥社会学派的乔治·米德（Mead, George Herbert）进一步提出，人与人之间的互动，是以"符号"为媒介的间接的沟通。① 比如一种姿势如果引起发出者和针对者的反应，那么该姿势就是有意义的姿势，即符号。语言、文字、手势、表情等都可以作为符号，人与人之间的沟通靠这种符号进行。而人的行为是有目的的、富有意义的，社会行为不仅仅是生物有机体之间的互动，还包括了自我间的有意识的互动。在自我概念的形成过程中，社会环境起到重要作用：人可以有很多个自我构成，首先是从不同的社会群体中获得的单一的自我，如家庭中的自我、单位中的自我。其次是自我概念是两种我即"I"和"me"的合体。"I"是并非作为意识对象的独立个体，"me"是社会中通过角色扮演而形成的我。符号互动论认为，社会通过影响自我来影响人的社会行为，而影响机制就是通过"扮演他人角色"。而个人社会角色的多样性使个人的角色认同及角色行为也具备多样性。

认同理论中的两个关键概念是认同凸显（identities salience）和承诺（commitment）。② 前者解释了认同与行为的关系，该理论认为在多种认同中，只有凸显出来的那一种会决定个人的实际行为，比如：同样是父亲和工程师，周末一位在家陪孩子，而另一位在单位加班，因为前者对"父亲"角色进行了认同凸显，而后者对"工程师"角色进行了认同凸显。认同的凸显程度由对某一角色的承诺程度代表，按照斯特莱克（Stryker）的观念，将承诺分为互动承诺与情感承诺。③ 互动承诺代表与某一认同相联系的角色的数量，是承诺的广度；情感承诺是与某一认同相联系的关系的重要性，是承诺的强度。对某一认同的互动承诺或情感承诺越强，则认同的凸显水平越高。

2. 社会认同理论

社会认同理论（Social Identity Theory, SIT）由亨利·泰弗尔

---

① ［美］乔治·H. 米德：《心灵、自我与社会》，赵月瑟译，上海译文出版社2005年版，第95页。

② 周晓虹：《认同理论：社会学与心理学的分析路径》，《社会科学》2008年第4期。

③ Stryker S, "Symbolic interaction: A Social structural version", *British Journal of Sociology*, Vol. 33, No. 3, p. 138, 1982.

(Henri Tajfel) 于 1978 年提出, 用于解释群内行为与群外行为。社会认同理论基于"微群体实验"基础, 认为一个人的行为会受到其主动或被动划归的社会群体的群体规范的影响, 并据此作出自我角色认同。研究发现, 员工更倾向于积极评价自己所属的组织成员, 因而愿意为组织贡献更多的资源, 如果给予员工机会, 哪怕没有物质利益, 他也会为所属组织与其他组织拉大差距而努力。社会认同理论认为: 员工会为了一个正面的自我而努力; 并且这种积极的自我概念来自其对所属社会群体的社会认同; 积极的社会认同可以通过与相关外群体的比较来维持或增强。社会认同的产生分为三个关键环节: 社会分类 (social categorizaiton)、社会比较 (social comparison)、积极区分原则 (positive distinctiveness)。社会分类是认知层面的, 将自己划入特定的范畴或类别, 用于帮助个人组织社会信息; 社会比较通过将个人所属群体与他群体进行比较, 而获得自我评估。在这一过程中个体更倾向于以积极的特征来标定所属群体, 从而获得积极的自我评估, 但如果其社会比较的结果是内群体更差, 个人可能离开所属群体, 或会努力使其变得更好; 积极区分是第三个层面的社会认同, 即个人会使自己在群体比较的相关维度上表现得比群外成员更为突出。社会认同的内容分为三个方面: 认知方面, 即个人关于成为某一群体成员的认识; 情感方面, 即个人附着于某一群体的情感; 评价方面, 即个人对于群内和群外的价值内涵的理解。更进一步, 认同分为不同的目标和焦点。约翰·特纳 (John Turner) 1987 年提出了自我分类理论 (Self - Categorization Theory, SCT), 在社会认同理论的基础上, 进一步研究了群内行为。该理论认为, 员工会将自己分为不同的水平: 独立的个体 (个人层面)、与其他团队成员不同的团队成员 (中级或团队层面)、与其他物种不同的人类 (最高级)。斯特莱克认为个体对某一群体的认同度越高, 则他的行为也就更倾向于遵从该群体的行为规范, 并会倾向于作出对该群体有利的行为。[1]

---

[1] Stryker S, *Symbolic interactionism: A social structural version*, Benjamin - Cummings Publishing Company, 1980.

(三) 认同理论与社会认同理论的联系与区别

认同理论和社会认同理论有相似之处：两者都强调了自我和社会之间的交互关系，都讨论了认同内在化对自我界定的作用，均强调反思"我是谁""我们是谁"的问题，为自我寻找明确的社会意义，并由此影响着相应个人行为，即行为是被划分到有意义的、特定的自我界定分类中去的。但二者也有差别，两者的差别见表 2-1。

表 2-1　　　　　　　　　认同理论与社会认同理论的差别

不同之处	认同理论	社会认同理论
理论背景	微观社会学　符号互动论	心理学　自我分类理论
理论逻辑	社会学中应用心理学 角色影响行为	心理学中应用社会学 行为受制于角色
理论基点	关注人们在社会生活中承担的角色，以及这些角色所赋予的各种认同相互之间存在的关联；强调社会角色的辨识和角色认同	关注群体间关系和群体类化过程，其重点是群体中认同的集聚作用以及行为的群际因素；关注社会类别身份
对认同过程的研究侧重	从角色出发研究认同。虽不涉及认知作用，但较好地解释了个体间的社会互动	从群体出发研究认同。对认同内化机制、背景因素、凸显不同类别认同的影响机制以及产生与认同相符行为的驱动机制有较为细致的了解
对认同的源起看法	从个人出发，倾向于将认同视为静态角色特征，同时强调认同关注角色的建构和再建构以及人际的社会互动背景的动力特征	从群体出发，将认同视为某种结构，它既关注群际关系的变化，也对应即时的互动背景。较为关注认同过程中的基本社会认知机制
研究重点	标定或命名一个人为某种社会类别及承诺过程；自我—证实过程，根据认同标准中所体现的角色来看待自我，并通过个人行为来维护这一标准；个体间的社会互动如何作为一种有效的影响对认同发生作用	社会自居作用、自我分类过程；认同的去人格化过程，将个体视为内群体原型的一种体现，而不是一个独特的个体；认同如何内化、背景因素如何造成不同的认同凸显，认同如何产生于其相符的行为；认同被激活的群体特征

资料来源：笔者根据相关文献整理。

人力资源管理的前提是组织明确所期望的员工角色信息，员工理解这一信息并采取相应的角色行为，从而导致不同的个人绩效与组织绩效。[①] 员工要理解自己的角色才能进一步做出与角色相适应的行为；当员工新入职或者岗位发生变化时，需要重塑角色，以便调整相应角色行为等。

角色认同理论认为角色认同导致角色行为。该研究的一大缺陷是没有区分角色行为意愿与角色行为。而根据激励理论，个体从意愿到行为之间存在其作用机理，是一个复杂的过程。目前关于角色认同理论的研究集中于心理学、社会学领域，把角色认同理论引入管理学领域、针对职业身份认同的研究不多。角色认同理论主要应用于国家认同、民族认同等宏观层面的研究，或者是地理上分散的组织的研究[②③]，组织内部的团队层面的认同研究，而不是个人层面的认同研究；其角色行为多指角色内行为；且该概念强调"角色"而非"身份"，根据之前的分析，角色来自外界赋予，而身份来自内在认知。角色理论来自西方，是以西方社会特征为背景提出来的，对于理解中国情景下的中国人的角色认同还有差异，即西方社会结构是"团体格局"，有明确清晰的团体界限，群己关系明确，注重平等和个人权利取向；而中国社会结构是"差序格局"，群己关系不明确，界限不清晰，人情、关系具有重要意义。[④] 所以在研究中国人的角色认同时需考虑以上文化背景差异。故在研究职业身份认同时，需要修正角色认同理论的不足。

尽管如此，角色认同理论仍然对本研究提供了如下支持：（1）行为受角色影响（用于假设5）；（2）根据结构角色理论，角色定位来

---

① 蒋建武、赵曙明：《战略人力资源管理与组织绩效关系研究的新框架：理论整合的视角》，《管理学报》2007年第6期。

② Scott C R, "Identification with multiple targets in a geographically dispersed organization", *Management Communication Quarterly*, Vol. 10, No. 4, May 1997, pp. 491–522.

③ Reade C, "Dual identification in multinational corporations: Local managers and their psychological attachment to the subsidiary versus the global organization", *International Journal of Human Resource Management*, Vol. 12, No. 3, May 2001, pp. 405–424.

④ 费孝通：《乡土中国 生育制度》，北京大学出版社1998年版，第25—27页。

自外界对角色的期望（用于假设1）；（3）根据过程角色理论，角色期望来自个人及周边环境的互动（用于假设1、2、3）；（4）根据认同理论，只有凸显出来的角色认同会影响实际行为（用于职业身份认同问卷开发）；（5）根据社会认同理论，个人会对其认同的组织付出更多的角色行为（用于假设5及职业身份认同问卷开发）。

三 激励理论

计划行为理论认为，行为意向是实际行为的重要影响变量，角色认同理论认为，角色认同影响角色行为。概括而言，以上两个理论均认为态度影响甚至决定行为。但是在实际企业管理中，还有很多影响员工采取实际行为的因素，如行为的条件、环境。特别针对主动性行为这一自发性行为来说，只有行为意愿还不足以引起行为，因而，需要进一步研究从行为意愿到实际行为之间的作用机制。本研究拟以激励理论的相关研究成果来建立从主动性行为意愿到主动性行为之间的作用机制模型。

激励（Motivation）是人力资源管理中的重要问题，激励是通过适当的外部奖酬形式和工作环境，借助信息沟通来激发、引导、保持和归化组织成员的行为，以有效地实现组织及其成员个人目标的系统活动。由该定义可以看出，激励的目的是激发某种行为，因而对激励的研究还要借鉴行为科学的相关理论。

行为科学是基于心理学、社会学、人类学、经济学、政治学、语言学等学科知识研究人或人类集合体的行为的一门科学，其应用的范围涉及人类活动的一切领域，有众多分支学科，组织管理行为学是其中一个分支。在人群关系学说基础上建立的行为科学即是组织行为学，其着眼于组织中人的行为的研究，重视人际关系、人的需要、作用及人力资源的开发利用，其中对人的积极性的激发是研究的重点。行为科学理论广泛应用于企业管理中，其基本内容包括个体行为研究、动机与激励理论、群体行为研究、组织行为研究，在本研究中，重点使用其个体行为研究、动机与激励理论部分的内容。

行为科学是对泰罗提出的科学管理的改进，其核心认为工人并不是只关注经济利益的"经济人"，而是带有感情与理智的"社会人"，社会和心理因素会对工作情绪产生影响，行为科学研究如何激发士气，进而如何激发行为。

在行为科学关于激励的研究中，严格区分了意识与行为，即虽然研究的是外在的人的行为规律，但更多结合人的内在主观世界来进行。因而在行为科学研究中，广泛使用需要、动机、性格、爱好等概念。

需要（Need）是个体缺乏某种东西而又期望满足的状态，所缺乏的东西可能是物质的，也可能是心理的。一个人的行为动机总是同满足他自己的需要紧密相关的。需要使一个人产生欲望和驱动力，这种驱动力就是动机。需要会产生动机，但不是动机的唯一源泉，甚至不是动机的直接原因。只有当需要被引发出来，并指向某一目标，进而坚持追求这一目标时，才能形成促进活动的动机。一个人的优势动机往往是由某个目标的出现激发起来的，尽管这一目标当时不一定为行为人所需要。如：需要喝水和喝水的动机是不一样的，需要喝水的目标可能是克服口渴，也可能是满足健康需求。那么激励的作用在于引发个体喝水的需要，并指向上述之一的目标。如果个人口渴，那么这时激励产生的优势动机就是克服口渴；如果个人不口渴（即克服口渴这一目标在激励当时不为行为人所需要），而激励产生的优势动机可能是克服口渴或满足健康需求，或二者兼而有之。由此可见，同一行为的动机有多种，而激励产生的行为动机可能也有多种，也可能存在一种优势动机。在实施激励之前需要密切关注被激励者的优势动机，才能够提高激励的产生行为动机和相应行为的效果。在本研究中，主动性行为的动机有多种，如职业身份认同带来的满足职业发展需要、职业使命感使然，或满足他人期望、满足更高薪酬需要等，但在实施激励时，需要多方位确定哪种动机是优势动机，才能有针对性地进行激励。

动机（Motivation）是某种需要未被满足的心理状态。不同的动机常常联合起来构成一个人的行为基础。动机是人的行为的直接驱动力；动机能指导人们作出相应的行为选择，并朝着特定的方向进行以便达到预期目标；行为的结果会对动机产生新的刺激作用，良好的结果强化行为动机，不良的结果弱化行为动机；动机具有激励功能，可以调动人的积极性，给人以一定的意志力去克服困难、实现目标。影响动机和行为的心理因素有：价值观、报复水准（个人想将自己的工作做到某种质量标准的心理要求）、知觉（人脑对作用于人的感官的客观事物的整体反应）、个性（气质、性格、能力）。在本研究中，将职业身份认同视为影响动机和行为的最主要的心理因素，其次还有角色宽度自我效能感。

内驱力（Internal Drive）和诱因（Incentive）是研究动机问题时常用的两个概念。动机就是内驱力（推力）和诱因（拉力）共同作用的产物。内驱力存在于机体内部，是个体从生理或心理上提高对能满足需要的刺激的反应能力，内驱力可以分为生理性和社会性两类。生理性内驱力是先天具有的，如对饥渴、缺氧、寒冷、缺觉等状态的改变；社会性内驱力是后天获得的，如寻求人与人和睦相处中的安定生活和相互依赖、希望得到认可与赞扬，追求成就等。诱因是指激起动机的外部因素，包括能满足一个人内在需要的客体、情景和事件，诱因具有诱发或激起指向目标的行为的作用。内驱力形成行为的内在动机，诱因形成行为的外在动机。内驱力和诱因对动机的作用不分先后，且任何一种动机的激发都不能单靠其中一个因素，而是诱因和内驱力共同作用的结果。动机理论中将行为（B）定义为个体内驱力（P）与环境诱因（E）交互作用的结果，即 $B = f(P, E)$。

工作动机是指一系列激发与工作绩效相关的行为，并决定这些行为的形式、方向、强度和持续时间的内部与外部力量。其中内部动机是指因为工作本身的挑战性、趣味性等使个体产生工作欲望；外部动机是指因为工作以外的内容，如报酬、他人的承认，或其他与结果相关的因素所导致的工作愿望。在本研究中，主动行为的内部动机主要由职业身份认同引发，外部动机主要由组织氛围引发。

行为科学认为，人的需要产生动机、动机支配着人的行为，行为导向目标。激励理论是处理需要、动机、目标和行为之间关系的核心理论。需要确定人的行为目标，激励的含义就是激发人的动机，引发、强化人的行为。激励就是通过内在或外在的刺激，使动机产生或加强，并产生满足动机的行为的过程。因而激励的关键问题在于提供产生激励作用的激励因素。

在本研究中，用主动性行为需要代表需要（该行为被员工所缺乏或所期待），但主动性行为需要不是主动性行为动机的唯一源泉，甚至不是主动性行为动机的直接原因，只有当主动性行为需要被引发出来，并指向某一目标（在本研究中，指的是职业身份认同不同维度带来的职业安全感、使命感或个人发展等，以及外部报酬、晋升、满足组织及他人期待等），才能形成主动性行为的动机。激励的作用就在于激发员工的主动性行为的动机，可以是内部激励，也可以是外部激励。在本研究中，职业身份认同属于主动行为内部动机的来源，该动机的激发可以用内部激励也可以用外部激励；组织氛围属于外部动机的来源，该动机的激发也可以内部激励和外部激励并用。

Locke 等认为，激励理论强调从外部环境刺激角度激发员工的工作行为，其前提是假设员工是被动的，从而使激励理论在解释员工的动机、意图和渴望等内在心理机制发挥的作用方面显得不足。[1] 作为个体，其行为动因来自内外两个方面，员工不会只对外界激励作出被动反应，其内在激励会促使员工主动追求目标，产生行为。对于主动性行为而言，由于其自发性的特点，其激励应以内部激励为主，即激励自我与自我激励为主，并辅之以外部激励。

在激励理论中，用的是"动机"这一概念，指的是人的需要未被满足的心理状态，动机是人类大部分行为的基础。而本研究中的主动性行为意愿是一种态度（Attitude），态度是行为科学中的另一概念，是指个人对某一客观对象的认识、评价及其倾向性。态度既是一种内在体验，又包括人们的行为倾向。态度是潜在的，但也会通过言论、表情和行为外显。由此可见，有态度不一定有行为，只有动机才是激发行为的最重要因素，在本研究中，拟通过内部激励和外部激励激发员工主动性行为的动机，从而产生主动性行为。

综上，激励理论对本研究提供的支持为：（1）动机是行为产生的

---

[1] Locke E A, Latham G P, "Building a practically useful theory of goal setting and task motivation. A 35-year odyssey", *American Psychologist*, Vol. 57, No. 9, September 2002, pp. 705–717.

直接原因（用于假设5、假设8）；（2）通过激励可激发行为主体的行为动机，从而产生行为（用于对策建议部分）；（3）影响动机的因素有：价值观、报复水准、知觉、个性（用于职业身份认同三维度的构建、角色宽度自我效能感概念的提出、调查问卷背景变量的设计）；（4）内驱力和诱因是产生动机的两大力量；动机分内部动机和外部动机（用于支持职业身份认同、组织氛围构念在模型中的出现）；（5）需要会产生动机，但只有当需要被引发出来，并指向某一目标，进而坚持追求这一目标时，才能形成促进活动的动机（用于支持对策建议部分管理激励措施产生的必要性）；（6）激励有外部激励与内部激励（用于支持对策建议部分具体的管理措施）。

四 小结

计划行为理论、角色认同理论、激励理论为本研究奠定了坚实的理论基础。如前所述，各理论各有其假设前提和侧重，也存在和本研究前提和假设不一致的地方，但是依然为本研究及相关模型的建立提供了不同方面的理论支持。

计划行为理论对本研究的最大贡献在于强调了行为意愿是实际行为的重要影响变量，以及行为意愿的产生来自个人对某项行为的态度、周围社会环境对某行为的态度。从而支持了主动性行为意愿影响主动性行为、行为认同影响主动性行为意愿、组织氛围调节主动性行为意愿对主动性行为的影响的假设。

角色认同理论对本研究的最大贡献在于强调了角色认同影响了相应行为，以及角色认同来自个体、周边环境。从而初步支持了职业身份认同影响主动性行为的假设，并初步支持了职业身份认同的形成来自个人认同和社会认同的研究假设。

激励理论对本研究的最大贡献在于提供了产生主动性行为的动力机制，即主动性行为动机，并明确了主动性行为意愿与主动性行为动机的差别，支持了模型中在职业身份认同的基础上加入组织氛围作为调节以产生主动性行为动机和主动性行为的假设。针对主动性行为的特殊性（自发性），模型中将职业身份认同产生的内部动机作为自变量，而将组织氛围产生的外部动机作为调节变量研究其对员工主动性行为的作用，从而进一步明确了针对主动性行为，内部动机和外部动机的作用存在差异。

第二节　主动性行为研究综述

一　相关概念及内涵

按照辞海的解释，主动性（Initiative）指个体按照自己规定或设置的目标行动，而不依赖外力推动的行为品质。该定义突出了主动性的特征：第一，前瞻性，即个体有预见地考虑未来的问题、需求和变化，并提前做好安排；第二，变革性，即个体会根据预见变革特定目标和行为，表现为一定的灵活性；第三，自发性，即个体不受外界影响而自然产生。

Frese 等认为，主动性行为（Personal Initiative）指人们以积极主动的方式、超越了特定工作的正式要求而产生的各种行为[①]；而 Crant 认为主动性行为（Proactive Behavior）包括积极的角色内行为或角色外行为，重点是该行为主动改善和创造新的环境，涉及挑战现状而不是被动地适应现状，以获得更好的工作效果。[②] 上述主动性行为的定义中均包括了员工的积极性，而行为内容既有角色内行为，也有角色外行为。主动性行为是一种内化的行为，Frese 和 Sabni 认为主动性行为有如下特征：与组织目标相关、目标长远性、面对困难和挫折时的坚持和自我驱动。[③] 综上，本研究将主动性行为（Personal Initiative）定义为：员工自发启动并主动克服困难，以达到某一目标的行为。该定义涵盖了几层含义：自发性、改变导向及聚焦未来。

[①] Frese, M., Kring, W., Soose, A., &Zempel, J, "Personal initiative at work: Differences between East and West Germany", *Academy of Management Journal*, Vol. 39, No. 1, February 1996, pp. 37 – 63.

[②] Crant J M, "Proactive behavior in organizations", *Journal of Management*, Vol. 26, No. 3, 2000, p. 436.

[③] Frese, M., & Sabini, J. (Eds.), *Goal directed behavior: The concept of action in psychology*, Hillsdale, NJ: Erlbaum, 1985, p. 23.

与主动性行为相关的概念有自发性行为（Spontaneous Behavior）、自愿性工作行为（Discretionary Work Behaviour，DWB）、组织公民行为（Organizational Citizenship Behavior，OCB）。自发性行为由卡茨（Katz）于20世纪60年代提出，指除了加入和维持组织成员身份必须完成的相应活动、完成某一特定角色要求的行为之外的组织成员的行为。[1] Fay和Sonnentag将角色外行为命名为自愿性工作行为，包括自愿且积极行为，如组织公民行为、建言行为（Voice Behavior）、奉献行为、亲社会行为等，也包括对组织及成员有威胁或危害的行为，如反生产行为（Counterproductive Work Behavior，CWB）、越轨行为（Deviant Behavior）、沉默行为（Silence Behavior）等。[2] 组织公民行为由贝特曼（Bateman）和丹尼斯尔根（DennisOrgan）于1983年提出，指的是组织内对组织有益的非指定性行为和姿态。该行为产生于自愿，往往不被组织正式的薪酬系统所直接和明显地认知，却能够从整体上有效提高组织的效能。[3] 由此可见，主动性行为、自发性行为、自愿性行为、组织公民行为均强调行为的自发性，不同之处在于：自发性行为强调的是角色外的主动行为，而主动性行为包括角色内与角色外行为；自愿性工作行为强调角色外行为，且分为积极行为和消极行为，而主动性行为强调的是角色内或角色外的积极行为；组织公民行为强调的是对组织有益的角色外行为，而主动性行为强调的是有益于组织的角色内行为和角色外行为。

主动性行为是一种多元的行为，更加强调该行为的主动性、自发性，而产生该行为的动因归根结底来自员工对工作的认可和期望。任务绩效行为、周边绩效行为、组织公民行为、角色行为、角色外行为

---

[1] Katz M M, "Nutritional factors in psychological test behavior", *Journal of Genetic Psychology*, Vol. 96, No. 2, July 1960, p. 343.

[2] Fay D, Sonnentag S, "A look back to move ahead: New directions for research on proactive performance and other discretionary work behaviors", *Applied Psychology*, Vol. 59, No. 1, December 2009, pp. 1 – 20.

[3] Bateman T, S, Organ D W, "Job satisfaction and the good soldier: The relationship between affect and employee 'citizenship'", *Academy of Management Journal*, Vol. 26, No. 4, December 1983, pp. 587 – 595.

都可以被看作主动性行为的一个构成部分。[1][2][3]

组织的存在要求员工有与组织目标相一致的行为,而减少或杜绝与目标不一致的行为。在关于主动性行为的研究中,也应该增加顺应组织目标的行为,减少背逆组织目标的主动性行为。典型的主动性行为有:建言行为、创新行为、助人行为、通过询问或观察的方式来寻求自己的绩效反馈[4]、典型的主动性行为群体如企业家等[5]。

二 影响因素

影响主动性的因素包括几个方面:

(1)个人因素方面。主动性行为的主要影响因素是主动性人格(Proactive personality)[6][7],主动性人格于20世纪90年代由Bateman和Crant提出,是个人的一种稳定的人格品质和个性特征。但是Frese等却明确指出,主动性人格只是主动性行为的一个重要而深远的影响源,主动性人格的人不必然表现出主动性行为。[8]进而,主动性行为的人并不一定具有主动性人格。Parker等从认知驱动机制角度建立了个人、工作环境的工作主动性行为驱动因素,个人角度的影响因素是

---

[1] Crant J M, "Proactive behavior in organizations", *Journal of Management*, Vol. 26, No. 3, 2000, p. 435.

[2] Grant A M, Ashford S J, "The dynamics of pro‐activity at work", *Research in Organizational Behavior*, Vol. 28, December 2008, pp. 3–34.

[3] Griffin M A, Neal A, Parker S K, "A new model of work role performance: Positive behavior in uncertain and interdependent contexts", *Academy of Management Journal*, Vol. 50, No. 2, April 2007, pp. 327–347.

[4] Ashford S J, Blatt R, Walle D V, "Reflections on the looking glass: A review of research on feedback‐seeking behavior in organizations", *Journal of Management*, Vol. 29, No. 6, December 2003, pp. 773–799.

[5] Frese M, Fay D, Hilburger T, et al., "The concept of personal initiative: Operationalization, reliability and validity in two German samples", *Journal of Occupational and Organizational Psychology*, Vol. 70, No. 2, June 1997, p. 140.

[6] Crant J M, "Proactive Behavior in Organizations", *Journal of Management*, Vol. 26, No. 3, 2000, p. 437.

[7] Grant A M, Ashford S J, "The dynamics of pro‐activity at work", *Research in Organizational Behavior*, Vol. 28, December 2008, p. 10.

[8] Frese M, Fay D, Hilburger T, et al., "The concept of personal initiative: Operationalization, reliability and validity in two German samples", *Journal of Occupational and Organizational Psychology*, Vol. 70, No. 2, June 1997, p. 150.

主动性人格、从感知工作环境角度的驱动因素是工作自主性、同事信任、组织支持。主动性人格与主动性工作行为显著相关,工作自主性直接影响主动性行为,同事信任通过柔性角色定位影响主动性行为。[1]个性特征[2],如责任心[3]、好奇心[4]、自我效能感[5]、个体的利益需求及期望,包括物质利益、对组织的心理依赖、归属需要、人生目标[6]、感知工作责任[7]等均会影响员工的主动性行为。

(2) 工作特征方面。根据工作特征理论(Job Characteristics Theory, JCT)工作特征是影响主动性行为的一大因素[8],工作技能多样性、任务的一致性、重要性、自主性、反馈性决定了员工的生产率、工作动力和满足感。如:工作的责任性、不明确性和自主性要求影响员工主动性[9][10];工作的自主性、可控性和复杂性影响员工主动性[11];

---

[1] Parker S K, Williams H M, Turner N, "Modeling the antecedents of proactive behavior at work", *Journal of applied psychology*, Vol. 91, No. 3, June 2006, pp. 636 – 652.

[2] Thompson J A, "Proactive personality and job performance: a social capital perspective", *Journal of Applied Psychology*, Vol. 90, No. 5, October 2005, p. 1012.

[3] Carless S A, Bernath L, "Antecedents of intent to change careers among psychologists", *Journal of Career Development*, Vol. 33, No. 3, March 2007, pp. 183 – 200.

[4] Howell J M, Sheab C M, "Individual differences, environmental scanning, innovation framing, and champion behavior: key predictors of project performance", *Journal of Product Innovation Management*, Vol. 18, No. 1, January 2001, pp. 15 – 27.

[5] Parker S K, Williams H M, Turner N, "Modeling the antecedents of proactive behavior at work", *Journal of Applied Psychology*, Vol. 91, No. 3, June 2006, p. 639.

[6] 严云鸿、丁奕:《新员工组织社会化过程中的主动行为研究》,《经济论坛》2007年第21期。

[7] 黄俊、贾煜、秦颖等:《员工感知的企业员工责任会激发员工创新行为吗——工作满足和工作投入的中介作用》,《科技进步与对策》2016年第22期。

[8] 韦慧民、潘清泉:《复杂环境下员工主动性行为及其驱动研究》,《企业经济》2012年第3期。

[9] Grant, A M, Ashford, S J, "The dynamics of proactively at work: Lessons from feedback – seeking and organizational citizen – ship behavior research", *Research in Organizational Behavior*, 2008, pp. 121 – 145.

[10] Morgeson F P, Humphrey S E, "The Work Design Questionnaire (WDQ): developing and validating a comprehensive measure for assessing job design and the nature of work", *Journal of Applied Psychology*, Vol. 91, No. 6, December 2006, pp. 1321 – 1339.

[11] Frese M, Garst H, Fay D, "Making things happen: reciprocal relationships between work characteristics and personal initiative in a four – wave longitudinal structural equation model", *Journal of applied psychology*, Vol. 92, No. 4, August 2007, p. 1084.

工作资源如控制性、有无反馈、工作种类在工作投入（工作动力感、奉献精神）的中介下对个体主动性有正向影响[1]；时间压力、情景压力能够推动主动性行为的产生。[2]

（3）管理、组织情景方面。管理、组织情景指的是组织氛围及管理干预方面的因素。胡青等研究了不同主动性个体的形成机制，并提出组织因素可以使被动性员工和主动性员工相互转化。[3] 而Parker等的研究发现，组织中的个体的主动性和被动性是共存的，组织通过弹性角色定位影响员工的主动性[4]。组织创新氛围通过影响员工的创新自我效能感，进而影响员工的创新行为，即创新自我效能感在组织创新氛围与员工创新行为之间起着重要的中介作用。[5] Parker等提出角色宽度自我效能感、控制评估、改变性倾向、柔性角色定位正向影响主动性行为。[6] 组织社会化策略、工作报酬、赋权、信任氛围、社会规范、个人价值与企业价值的吻合度[7]、感知组织支持[8][9]以及企业文

---

[1] Salanova M, Schaufeli W B, "A cross-national study of work engagement as a mediator between job resources and proactive behavior", *The International Journal of Human Resource Management*, Vol. 19, No. 1, January 2008, pp. 116-131.

[2] Ohly S, Sonnentag S, Pluntke F, "Routinization, work characteristics and their relationships with creative and proactive behaviors", *Journal of organizational behavior*, Vol. 27, No. 3, May 2006, pp. 257-279.

[3] 胡青、王胜男、张兴伟等：《工作中的主动性行为的回顾与展望》，《心理科学进展》2011年第10期。

[4] Parker S K, Williams H M, Turner N, "Modeling the antecedents of proactive behavior at work", *Journal of applied psychology*, Vol. 91, No. 3, June 2006, p. 643.

[5] 顾远东、彭纪生：《组织创新氛围对员工创新行为的影响：创新自我效能感的中介作用》，《南开管理评论》2010年第1期。

[6] Parker S K, Williams H M, Turner N, "Modeling the antecedents of proactive behavior at work", *Journal of applied psychology*, Vol. 91, No. 3, June 2006, p. 640.

[7] Crant J M, "Proactive Behavior in Organizations", *Journal of Management*, Vol. 26, No. 3, 2000, pp. 435-462.

[8] Caesens G, Marique G, Hanin D, et al., "The relationship between perceived organizational support and proactive behaviour directed towards the organization", *European Journal of Work and Organizational Psychology*, Vol. 25, No. 3, May 2016, pp. 398-411.

[9] 王胜男：《主动性人格与工作投入：组织支持感的调节作用》，《中国健康心理学杂志》2015年第4期。

化[1]、领导方式[2][3]、领导—成员交换[4]、绩效考核方式[5]等方面的因素都会影响主动性行为。如：感知职业发展机会、感知程序公平在员工组织承诺的调节下可有效预测员工主动性行为和职业倾向。[6] 工作参与（如精力、奉献）在工作资源（如工作控制、反馈、工作变化性）和主动性行为之间起到完全中介作用。[7]

三 分类

Parker 和 Collins 指出，员工主动性行为既包含主动改变环境的行为（如建言和主动担当），也包含积极改变自身以适应环境的行为（如反馈寻求）。[8] 段锦云等[9]、李锐等[10]、廖辉尧等[11]的研究中，选取建言行为、主动担当、反馈需求三种主动性行为来进行研究。其原因为：具有代表性、普适性；具有挑战性、风险性；代表不同领域的主动性行为：建言侧重于口头表达观点，主动担当涉及口头建议及实际

---

[1] Frese M, Fay D, "Personal initiative: An active performance concept for work in the 21st century", *Research in Organizational Behavior*, Vol. 23, No. 2, December 2001, p. 138.

[2] 李红、刘洪：《领导对员工主动性行为影响的研究述评》，《软科学》2014 年第 8 期。

[3] 王艳子、罗瑾琏：《员工创新行为的激发机理研究：谦卑型领导的视角》，《中央财经大学学报》2017 年第 6 期。

[4] Janssen O, Van Yperen N W, "Employees' goal orientations, the quality of leader – member exchange, and the outcomes of job performance and job satisfaction", *Academy of Management Journal*, Vol. 47, No. 3, June 2004, pp. 368 – 384.

[5] 战立明：《绩效考核方式对员工创新行为的影响机制研究》，硕士学位论文，天津理工大学，2017 年。

[6] Crawshaw J R, Dick R V, Brodbeck F C, "Opportunity, fair process and relationship value: career development as a driver of proactive work behaviour", *Human Resource Management Journal*, Vol. 22, No. 1, January 2012, pp. 4 – 20.

[7] Salanova M, Schaufeli W B, "A cross – national study of work engagement as a mediator between job resources and proactive behavior", *The International Journal of Human Resource Management*, Vol. 19, No. 1, January 2008, pp. 116 – 131.

[8] Parker S K, Collins C G, "Taking Stock: Integrating and Differentiating Multiple Proactive Behaviors", *Journal of Management*, Vol. 36, No. 3, May 2010, p. 638.

[9] 段锦云、凌斌：《中国背景下员工建言行为结构及中庸思维对其的影响》，《心理学报》2011 年第 10 期。

[10] 李锐、凌文辁、柳士顺：《上司不当督导对下属建言行为的影响及其作用机制》，《心理学报》2009 年第 12 期。

[11] 廖辉尧、梁建：《自我牺牲型领导与员工主动行为：一个整合模型》，《中国人力资源开发》2015 年第 23 期。

的改革行为，前两者旨在改变环境，而反馈寻求旨在改变自己以便更好地适应工作环境。因此，选择这三类行为作为因变量，能够增强结论的可推广性。

Parker 和 Collins[1]研究了工作中的主动性行为的高阶因素结构，将主动性行为按目标分为三个大类，第一大类是旨在掌控或者使内外组织环境发生改变的主动性行为，包括掌控行为、进谏行为、创新行为、问题预防行为（problem prevention）。第二大类是旨在掌控或者改变组织战略、与组织外部环境匹配的主动性行为。例如，向领导者提出影响组织战略的重要问题，让领导者注意到外部环境，及早推出新产品和新服务，形成自己的竞争优势。第三类是主动的个体—环境匹配行为，目的是使自己的贡献（技能、知识、价值、偏好）与组织环境更加融合。

腾云在研究中将行为个体分为高主动性、一般主动性和低主动性三类。[2] 该研究将主动性行为按照是否为角色内行为，以及行为的程度进行划分。高主动性个体在组织工作中无须外力推动，除了完成角色内任务外，还能自我设定角色外任务目标，以长期导向目标展开准备行动，并采取自我驱动来面对工作中的困难和障碍；一般主动性个体在组织工作中依据规章和制度完成角色内任务，对于角色外任务的执行主动性较弱，较少从长期导向目标实施预见行为，采取惰性拖延行为来面对工作中的困难和障碍；低主动性个体在组织工作中需靠外力推动才能完成角色内任务，对于执行角色外任务无主动性，无法从长期导向目标实施预见行为，采取被动退缩行为来面对工作中的困难和障碍。

按照主动性行为的对象进行划分，如个体主动性、团体主动性、

---

[1] Parker S K, Collins C G, "Taking stock: Integrating and differentiating multiple proactive behaviors", *Journal of Management*, Vol. 36, No. 3, May 2010, pp. 633–662.

[2] 腾云：《个体主动性对安全生产管理模式跃迁影响机制研究》，博士学位论文，哈尔滨工程大学，2016 年。

组织主动性,以及自我导向、社会导向、组织导向的主动性行为[1],Parker将主动性行为分为两类[2]:主动性的想法实施(主动采取办法以提高工作效率,自我执行或使他人执行都行)、主动性的问题解决(主动、未来导向以阻止同样问题再次发生)。该分类方法是按照主动性行为发生在问题出现之前还是之后来进行的,一种可称为预见性主动性行为,另一种可称为弥补性主动性行为。

按照主动性行为的目标分为完成目标的主动性和人际交往的主动性两类。按主动性行为的动机将主动性行为分为:被动型主动,即完成型主动,以及主动型主动,即探索式主动[3]。

四 作用

主动性行为可以提高组织绩效[4]、帮助组织避免灾难性事故[5]、提升顾客满意度[6]、增强职业发展,即主动性行为强的员工,在职业发展上更有可能获得更多的收入和更高的职位[7],Crant(2000)认为,主动性行为在组织社会化(socialization)、反馈寻求(feedback seeking)、议题销售(issue selling)、创新(innovation)、职业管理(career management)和特殊压力管理(certain kinds of stress management)

---

[1] Den Hartog D N, Belschak F D, "When does transformational leadership enhance employee proactive behavior? The role of autonomy and role breadth self – efficacy", *Journal of Applied Psychology*, Vol. 97, No. 1, August 2011, p. 195.

[2] Parker S K, Williams H M, Turner N, "Modeling the antecedents of proactive behavior at work", *Journal of Applied Psychology*, Vol. 91, No. 3, June 2006, p. 638.

[3] 马璐、王丹阳:《共享型领导对员工主动创新行为的影响》,《科技进步与对策》2016年第22期。

[4] Griffin M A, Neal A, Parker S K, "A new model of work role performance: Positive behavior in uncertain and interdependent contexts", *Academy of Management Journal*, Vol. 50, No. 2, April 2007, p. 329.

[5] Morrison E W, Milliken F J, "Organizational silence: A barrier to change and development in a pluralistic world", *Academy of Management Review*, Vol. 25, No. 4, October 2000, pp. 706 – 725.

[6] Thompson J A, "Proactive personality and job performance: a social capital perspective", *Journal of Applied Psychology*, Vol. 90, No. 5, October 2005, p. 1011.

[7] Singh R, Ragins B R, Tharenou P, "Who gets a mentor? A longitudinal assessment of the rising star hypothesis", *Journal of Vocational Behavior*, Vol. 74, No. 1, February 2009, pp. 11 – 17.

中均发挥作用。[1] Grant 在关于主动性行为的文献回顾中认为，不同主动性行为对于职业发展、压力管理、组织变革、创业等方面具有较大影响。[2]

但是，也有研究认为，主动性行为也存在负面效应，如可能招致同事的排斥、要承担相应风险、失败后可能存在惩罚、可能得不到上司的赏识，所以员工存在畏惧心理。Grant 和 Ashford 认为，当主动行为超出了组织的要求，如在意想不到的场合以出其不意的方式出现，可能会偏离或超出组织和上司期望。[3] Parker 等的研究也认为，上司有时会将主动性行为看成一种威胁，从而在工作中疏远或排斥主动工作的员工[4]，或上司会将主动性行为看成一种逢迎行为，从而难以得到奖励，甚至可能受到惩罚。

五　小结

主动性行为是现代企业管理中急需的员工行为，对企业及员工的发展具有长远作用。要促进员工的主动性行为，除了员工自身因素外，还有工作特征和管理、组织情景因素的影响。由于员工因素、工作特征是比较难以调整的，在一定时间范围内是固定的，所以本书要重点从管理、组织情景因素的角度研究如何提高员工的主动性，即在员工一定、工作特征一定的情景下（这符合大部分企业的管理现状），考虑如何提高员工的主动性行为。而要通过管理提高员工的主动性行为，又必须考虑到员工的差异性。根据性格测试中的经典理论 MBTI（Myers – Briggs Type Indicator）的观点，外显的行为、态度与其性格之间并没有必然的、直接的关联[5]，故本书不将员工的主动性人格加

---

[1] Crant J M, "Proactive Behavior in Organizations", *Journal of Management*, Vol. 26, No. 3, 2000, pp. 435 – 462.

[2] Grant A M, Ashford S J, "The dynamics of pro – activity at work", *Research in Organizational Behavior*, Vol. 28, December 2008, p. 4.

[3] Grant A M, Ashford S J, "The dynamics of pro – activity at work", *Research in Organizational Behavior*, Vol. 28, December 2008, p. 28.

[4] Parker S K, Collins C G, "Taking Stock: Integrating and Differentiating Multiple Proactive Behaviors", *Journal of Management*, Vol. 36, No. 3, May 2010, p. 661.

[5] ［英］罗万·贝恩：《职场心理类型：MBTI 视角》，孙益武译，上海财经大学出版社 2012 年版，第 4—8 页。

入模型进行研究。目前的研究中，较少从职业身份认同的角度区分员工和研究其对员工主动性行为的影响，从而有针对性地进行主动性行为管理提升。主动性行为的分类方法、角度多样，涵盖面广，行为可能内隐，也可能外显，可能是角色内行为，也可能是角色外行为，行为层次、程度多样，在现实研究中，要想涵盖所有主动性行为，是一件不太可能的事情。但为了使本研究更具有代表性和普适性，拟采用不代表具体主动性行为（如主动建言、主动寻求反馈等）而适用于任何工作场合的主动性行为描述（如积极应对问题、做的比要求的多等）来度量主动性行为。

第三节　职业身份认同研究综述

一　相关概念及内涵

（1）认同。认同（identity）一词来源于拉丁文 idem，意为同一或相同。认同既是一种过程，也是一种结果，是个人对归属于某一群体的感情。Erikson 首次提出了认同的概念，认同的本质是归属感。[①]认同是来自个体的内心感受，不同于承诺，承诺忽视了感情、评价、认知。如 Ashforth 所指出的那样，认同回答了"我是谁"的问题。认同反映了组织成员对自我概念的卷入程度，承诺则主要集中于个人对组织的态度。目前关于认同的研究主要有：国家认同、文化认同、民族认同、身份认同、政治认同、组织认同等。

（2）身份（identity）也译作"地位"，是社会科学如人类学、心理学、社会学、政治学、法学、哲学中的术语。身份指一个人在一定的社会体系中的位置，或者说在社会生活中与他人发生关系的社会位置。在社会生活中，每个人都有一定的身份，而且还可能有多重身份。

身份的主要内涵是从不同层面回答"我是谁"的问题。身份包括个体身份（姓名、年龄、个性等）、家庭身份（即在家庭中的角色构

[①]　何博：《认同的本质及其层次性》，《大理学院学报》2011 年第 1 期。

成)、工作身份(即在组织中承担的角色,如管理者)等。在特定的时间地点,个体总有一两个处于主导地位的身份,如工作环境中的经理身份。

Stryker等区分了角色和身份的异同,认为角色是外部环境赋予个体的,身份是个体对外部赋予自己角色的内在认知,由个体对自身角色的意义和期望进行加工之后形成。[1] 身份涉及权利、义务、责任、力量及权威等因素,它与角色有密切的关系,角色是身份的动态表现形式,身份一定要通过角色行为表现出来;没有角色,身份不好捉摸,没有身份,角色也无从谈起。从这个意义上来说,本书选择了身份这一概念以强调员工职业行为的内驱力。

学界对身份的研究对象有宏观的国家身份、种族身份、民族身份、政治身份、组织身份,也有微观的具体职业身份,如教师身份、记者身份、农民工身份、女性身份、医生身份等。研究观点有两种:一是本质主义身份观,即认为人的身份是本来就存在的,是一种个人或集体属性,是个人最根本、最持久的自我标签;二是建构主义身份观,持该观点的学者认为人的身份是多重的,而且是动态变化的,身份通过建构实现,即在社会建构(持该观点的学者多从社会心理学、语言学角度进行分析)过程中,通过人际互动实现身份形成,所以研究身份形成的过程比结果更为重要。本书的研究将本质主义与建构主义进行结合,即承认身份客观存在,但更与个人对身份的认知有关系,只有被员工认知到的身份特征,才能够真正在实践中起到作用。

(3) 身份认同。身份认同 (role identity) 是身份的知觉、参照认知和自我界定的过程,个人的身份认同经历自我界定或锚定的过程,并能将这种界定的结果加以运用。身份认同的概念来自社会学领域,是个人概念中的重要组成部分。作为社会的一分子,一个人的身份必须被共享、认知,并被行为所证实。[2] 身份认同是连接个人与社会的

---

[1] Stryker S, Burke P J, "The past, present, and future of an identity theory", *Social psychology quarterly*, Vol. 63, No. 4, December 2000, pp. 284 – 297.

[2] Callero P L, "Role – Identity salience", *Social Psychology Quarterly*, Vol. 48, No. 3, 1985, p. 204.

重要概念，为自我提供价值意义，并且可以帮助厘清个人与相互关联的其他角色的界限和联系，是指导个人行为的重要标准。有研究表明，个人周边的社会环境会根据个人的身份认同对个体进行反应，而这种反应又会进一步影响个体对自我的身份认同。身份认同可以较好地预测个人行为。目前关于身份认同的研究主要集中于新生代农民工、失地农民等特定对象。

（4）职业认同。在前人如魏淑华等[①]、孙利等[②]、汤国杰[③]等关于某一特定职业的认同的研究中，将职业认同（career identity）界定为个体对某一职业及其内化的职业角色的积极认知、体验和行为倾向。由此可以看出，职业认同的表层含义是个人对职业的认知，但其深层含义包含了个人对其职业身份的认同。在以上相关研究的表述中，也有将职业认同与职业身份认同融合之意。本书认为，职业认同与职业身份认同是两个不同的概念，前者是个体对客观存在的职业的认知与评价，而后者是个体对自身参与职业行为、融入了自身情况后综合考虑产生的对自己职业身份的认知、评价，因而在后续研究中，要注意区别二者。但同时根据表述及理解习惯，又要注意研究对象（或调研对象）可能将职业认同等同于职业身份认同的问题。

（5）职业身份。职业身份（career role）与工作身份（work-related identity）不同。根据田喜洲的观点，工作身份是工作角色中用来自我界定的个体与职业经历特征及自我认知的呈现。[④] 一个人的工作身份会变化，这种变化是主动或被动、渐变或突变、宏观或微观的，而职业身份则是相对稳定和持久的。从产生的影响上区分，职业身份

[①] 魏淑华、宋广文、张大均：《我国中小学教师职业认同的结构与量表》，《教师教育研究》2013年第1期。

[②] 孙利、佐斌：《中小学教师职业认同的结构与测量》，《教育研究与实验》2010年第5期。

[③] 汤国杰：《普通高校体育教师职业认同与工作满意度的关系研究》，《心理科学》2009年第2期。

[④] 田喜洲、董强、马珂：《工作身份转变研究述评》，《外国经济与管理》2016年第8期。

认同影响职业承诺，工作身份认同影响组织承诺。[1]

（6）职业身份认同。职业身份认同（Career Role Identity）是个人对职业身份的知觉、参照认知和自我界定的过程，是个人逐步从实践中明确的在职业中的自我概念与定位，并能将这种界定的结果加以运用。职业身份认同回答了"我的工作对他人的意义"的问题，根据Meijers的观点，职业身份认同的最终目的是寻求个人认同和社会接受相平衡的职业角色定位。[2] 职业身份认同更多的是从事某种职业的价值感。

职业身份认同不同于传统的身份认同，前者将个人置于特定的职业环境中，考虑个人与职业之间的关系和定位。不仅考虑社会期望，还融入个人的心理认知、个性、主观职业定位等因素，是未来职业发展的指南与驱动力。职业身份认同是个体对自身职业的评价和感知，从适应职业身份到职业身份的内化和升华。它既是一种复杂的心理结构，又是一种显而易见的行为模式，同时伴随着群体认知、组织忠诚和情感体验。

根据认同理论，职业身份认同既是去人格化过程，也是自我证实过程。即职业身份认同既受到外界的影响而去除个体独特性的认知；同时，个体也会根据自己所认同的角色标准来进行行为。

职业身份认同的研究多集中于特定职业身份，如教师、学生、护士、记者、知识分子等对职业的认同，而在企业管理领域，也是以某一研究对象（如劳务派遣员工、知识型员工）为主体研究其职业身份认同的影响因素、作用，从更普遍意义上的企业员工角度进行的研究不多。

二 影响因素

（1）个人因素。目前的研究显示，性别、年龄、受教育程度和种族等内在因素会影响身份认同。在对农民工群体的研究中，通过年龄

---

[1] 韦慧民、刘洪：《职场身份建构及其管理研究述评》，《商业经济与管理》2014 年第 5 期。

[2] Meijers F, "The development of a career identity", *International Journal for the Advancement of Counselling*, Vol. 20, No. 3, September 1998, pp. 191 – 207.

作为变量研究新生代农民与第一代农民的身份认同差异[1],但有人认为年龄是表象,而由于年龄变化带来的经历、经验等才是真正影响身份认同的因素。[2]

(2) 外界因素。外界因素也是影响职业身份认同的重要因素。社会文化是深刻影响身份认同的因素[3]、另外,组织和职业特征,如职业的社会认同会影响员工的职业身份认同。[4] Stryker 和 Serpe 研究发现个人拥有的社会身份越多,越倾向于首先认同被大多数人所认同的宗教身份[5],从而显示了社会关系对个人身份认同的重要作用。韦慧民等认为个人在建构职场身份的时候,会参考现有的社会准则,所以职业身份建构的过程具有一定的社会性。[6]

在计划行为理论中,主观规范也是影响职业身份认同的因素,即如果忠诚于某职业会得到社会的赞赏和鼓励,那么个人便会增强职业身份认同。社会义务是另一种影响职业身份认同的因素,即从组织那里接受的利益或好处会促使个人产生一种要回报组织的义务,从而增强个人的职业身份认同。

三　维度与测量

Blau 以态度理论为依托,提出了职业身份认同的单维观。[7] 认为职业身份认同是单一要素的心理构念,职业身份认同集中于职业情

---

[1] 张丽艳、陈余婷:《新生代农民工市民化意愿的影响因素分析——基于广东省三市的调查》,《西北人口》2012 年第 4 期。

[2] 彭远春:《论农民工身份认同及其影响因素——对武汉市杨园社区餐饮服务员的调查分析》,《人口研究》2007 年第 2 期。

[3] Cunningham G B, "The influence of religious personal identity on the relationships among religious dissimilarity, value dissimilarity, and job satisfaction", *Social Justice Research*, Vol. 23, No. 1, March 2010, pp. 60 – 76.

[4] Hallier J, Baralou E, "Other voices, other rooms: differentiating social identity development in organizational and Pro – Am virtual teams", *New Technology, Work and Employment*, Vol. 25, No. 2, June 2010, p. 157.

[5] Stryker S, Serpe R T, *Commitment, Identity Salience, and Role Behavior: Theory and Research Example, Personality, roles, and social behavior*, Springer, New York, 1982, p. 218.

[6] 韦慧民、刘洪:《职场身份建构及其管理研究述评》,《商业经济与管理》2014 年第 5 期。

[7] Blau G J, "The measurement and prediction of career commitment", *Journal of Occupational and Organizational Psychology*, Vol. 58, No. 4, December 1985, pp. 277 – 288.

感,即留在现在职业的愿望和喜欢程度。

以 London 为代表的学者依托组织行为学的动机理论提出了职业身份认同的二维观,认为职业动机包括工作动机和管理动机两个维度,并将职业动机的测量应用到职业身份认同和职业承诺的研究中。[1]

Callero 认为身份认同分为几个维度:自我定义、与他人的关系、行为三个维度。[2] Meyer 等研究了职业认同量表,该量表由情感认同、持续认同和规范认同三个分量表组成。[3] 王璐、高鹏[4]、Van Dick[5] 也在多层面认同量表中开发了职业身份认同部分。

职业身份认同是一个动态递进的过程。随着员工工作年限的增加,员工会逐渐修订之前形成的职业身份。根据 Pratt 等提出的身份定制化过程(identity customization processes)的观念,员工会通过对"我是谁"的理解的改变,调整和改变相应的工作行为,以实现身份和行为的匹配。[6] 他们提出三种类型的定制,即丰富化、修补和身份支撑。丰富化指在原有认知的基础上进一步加深和细化对职业身份的理解;修补是根据正在做的工作来补充完善原有对身份理解中的不足或漏洞;身份支撑是指原有身份认同与实际工作不匹配时,员工会重新用另一个身份作为支撑,以保护当前脆弱的、还没发展起来的身份。这三种类型的修订是一个逐渐推进的过程。当职业身份与工作行为的违背程度较低时,进行身份丰富化;当违背程度较高时(如更换

---

[1] London M, "Relationships between career motivation, empowerment and support for career development", *Journal of occupational and organizational psychology*, Vol. 66, No. 1, March 1993, pp. 55 – 69.

[2] Callero P L, "Role – Identity salience", *Social Psychology Quarterly*, Vol. 48, No. 3, 1985, p. 208.

[3] Meyer B W, Winer J L, "The career decision scale and neuroticism", *Journal of Career Assessment*, Vol. 1, No. 2, December 1993, pp. 171 – 180.

[4] 王璐、高鹏:《职业认同、团队认同对员工建言行为影响的实证研究》,《数学的实践与认识》2011 年第 1 期。

[5] Dick R V, "My Job is My Castle: Identification in Organizational Contexts", *International Review of Industrial and Organizational Psychology*, 2004, p. 131.

[6] Pratt M G, Rockmann K W, Kaufmann J B, "Constructing professional identity: The role of work and identity learning cycles in the customization of identity among medical residents", *Academy of Management Journal*, Vol. 49, No. 2, April 2006, pp. 235 – 262.

职业时），可能首先要从身份支撑开始，之后再修补，进而丰富化来完成身份建立。

Cheek 等 1994 年编制了一个关于身份认同方面的问卷（AIQ－Ⅱ－Ix），用来评估个人在身份认同三个方面的赋值情况。该问卷有三个分量表：个人身份认同量表（10 个题目）、社会身份认同量表（7 个题目）、集体身份认同量表（8 个题目）。[①] 此量表已经修订了四次，并且 Cheek 和他的同事也已经验证了该问卷的结构效度。

宫淑燕开发了新生代知识员工自我认同量表，包括自我判断、自我归属、自我发展等三个维度，并研究了其对组织行为的影响。选择了角色内行为工作满意度、角色外行为组织公民行为和退出行为离职倾向作为组织行为的变量进行研究。[②]

王惠卿在关于社会工作者职业认同的研究中，将职业认同分为统一性职业自我认同、连续性职业自我认同、情感性职业社会认同和价值性职业社会认同四个层次。[③]

夏四平从社会心理学角度将社会认同划分为归属认同、归属情感、归属评价三个维度[④]；魏淑华等将教师的职业认同划分为职业价值观、角色价值观、职业归属感、职业行为倾向四个方面[⑤]；汤国杰借鉴职业承诺的结构量表，认为教师职业认同由情感认同、规范认同和持续认同三个维度构成[⑥]；孙利、佐斌则认为职业认同包含职业认

[①] Cheek J M, Tropp L R, Chen L C, et al, " Identity orientations: Personal, social, and collective aspects of identity", paper delivered to 102nd Annual Convention of the American Psychological Association, Los Angeles. 1994.

[②] 宫淑燕：《新生代知识员工自我认同对组织行为的作用机理研究》，博士学位论文，西北工业大学，2015 年。

[③] 王惠卿：《社会工作者职业认同的结构与测量》，《四川理工学院学报》（社会科学版）2013 年第 4 期。

[④] 夏四平：《农民工社会认同的特点研究》，硕士学位论文，西南大学，2008 年。

[⑤] 魏淑华、宋广文、张大均：《我国中小学教师职业认同的结构与量表》，《教师教育研究》2013 年第 1 期。

[⑥] 汤国杰：《普通高校体育教师职业认同与工作满意度的关系研究》，《心理科学》2009 年第 2 期。

知、职业情感和职业价值三个维度①。

四 对工作行为的影响

职业身份认同最明显的后效就是导致相关行为。职业身份认同影响着员工个体的行为规范和期待。② Riley等认为身份能促使相应行为的产生，是因为行为能够促进身份占有者对自我确认（self-verification）的意义。③ 职业身份认同一般被认为是对自愿性工作行为的承诺。④ 如组织公民行为是组织认同的外在表现，而组织认同是组织公民行为产生的心理基础，高组织认同的员工更有可能产生角色外行为。⑤ 张若勇等在研究员工建言行为时也指出，社会对员工的建言角色期望影响员工主观上认为自己"是不是建言者"，并最终影响员工是否会建言。⑥ 杨晶照等的研究发现，员工的创新角色认同高，则员工会表现出更多的创新行为。⑦

韩雪松的研究表明，组织认同低的员工，往往不关心组织的发展和利益，不愿意为组织贡献自己的力量。⑧ 方志斌等认为，组织认同度低的员工难以作出有利于组织的进谏行为。⑨

大量研究证实自我认同能够导致行为意图。许多学者将自我认同

---

① 孙利、佐斌：《中小学教师职业认同的结构与测量》，《教育研究与实验》2010年第5期。

② Brown R, "Social identity theory: Past achievements, current problems and future challenges", *European journal of social psychology*, Vol. 30, No. 6, November 2000, pp. 745–778.

③ Riley A, Burke P J, "Identities and self-verification in the small group", *Social Psychology Quterly*, Vol. 58, No. 2, June 1995, p. 65.

④ Grönlund H, "Identity and Volunteering Intertwined: Reflections on the Values of Young Adults", *International Journal of Voluntary and Nonprofit Organizations*, Vol. 22, No. 4, December 2011, p. 873.

⑤ 张丽峰：《两种认同机制与自发性工作行为关系的研究综述》，《商场现代化》2016年第16期。

⑥ 张若勇、刘光建、徐东亮等：《角色期望对员工建言行为的影响：角色身份与传统性的作用》，《华东经济管理》2016年第10期。

⑦ 杨晶照、陈勇星、马洪旗：《组织结构对员工创新行为的影响：基于角色认同理论的视角》，《科技进步与对策》2012年第9期。

⑧ 韩雪松：《影响员工组织认同的组织识别特征因素及作用研究》，博士学位论文，四川大学，2007年。

⑨ 方志斌、林志扬：《职场排斥与员工进谏行为：组织认同的作用》，《现代管理科学》2011年第11期。

作为计划行为理论的重要补充变量来研究员工行为[1],如个人认同显著影响以下典型主动性行为:献血行为[2]、投票行为[3]、废物回收行为[4]、转基因食品购买行为[5]。王璐、高鹏认为,团队认同、职业认同及其交互作用都会促进员工的建言行为[6],而建言行为也是一种典型的主动性行为。

变化的职业身份要求有相应变化的职业行为。不同的职业身份所需要的工作态度、行为、技能和人际交往形式都不同,从而影响着个人的行为。当个人的职业身份发生改变时,如进入新的组织、调整工作岗位,或随着个人对职业内涵的认识的改变,个人就需要调整相应的工作行为,以适应新的职业身份要求。通过相关行为,职业身份得以实现和明确[7]。

Ouwerkerk 等的研究发现情感维度的认同比认知维度和评价维度的认同更能影响与工作相关的态度和行为。[8]该发现解释了认同与承诺之间的关系,即感情承诺比计算性或理性承诺、继续承诺、规范承诺能更好地预测工作态度。

---

[1] Conner M, Armitage C J, "Extending the theory of planned behavior: A review and avenues for further research", *Journal of applied social psychology*, Vol. 28, No. 15, August 1998, p. 1429.

[2] Charng H W, Piliavin J A, Callero P L, "Role identity and reasoned action in the prediction of repeated behavior", *Social Psychology Quarterly*, Vol. 51, No. 4, December 1988, pp. 303 – 317.

[3] Granberg D, Holmberg S, "The intention – behavior relationship among U. S. and Swedish voters", *Social Psychology Quarterly*, Vol. 53, No. 1, March 1990, pp. 44 – 54.

[4] Terry D J, Hogg M A, White K M, "The theory of planned behavior: self – identity, social identity and group norms", *British journal of social psychology*, Vol. 38, No. 3, 1999, pp. 225 – 244.

[5] Cook A J, Kerr G N, Moore K, "Attitudes and intentions towards purchasing GM food", *Journal of Economic Psychology*, Vol. 23, No. 5, October 2002, pp. 557 – 572.

[6] 王璐、高鹏:《职业认同、团队认同对员工建言行为影响的实证研究》,《数学的实践与认识》2011 年第 1 期。

[7] Callero P L, "Role – Identity Salience", *Social Psychology Quarterly*, Vol. 48, No. 3, 1985, p. 207.

[8] Ouwerkerk J W, Ellemers N, De Gilder D, "Group commitment and individual effort in experimental and organizational contexts", *Social identity: Context, Commitment, Content*. Oxford: Blackwell Science, August 1999, pp. 184 – 204.

五 小结

关于职业身份认同,目前还没有一个统一明确的定义。从身份认同的角度来说,该概念来源于社会学,但是又与人力资源管理中的职业定位相联系,是身份认同在职业发展领域的衍生。在本研究中,职业身份认同既有"职业认同"之意,也有"职业身份认同"之意。职业身份认同是员工个体内在的心理感受,但又会表现为外在的行为,该行为中非常重要且难以管理和度量的即是主动性行为。现有研究多集中于职业认同或身份认同的前因变量、结构维度和结果变量,而关于职业身份认同的细化研究较少;或单独从组织认同或个人认同的角度研究其对员工主动性行为的影响,而没有将二者放在一起进行综合研究。本研究认为,职业身份认同受个人因素和社会因素的双重影响,职业身份认同对员工的主动性行为有重要影响,但要度量员工的职业身份认同,目前没有令人信服的量表。本书拟将理论分析和实证检验相结合,建立相关职业身份认同的量表,并研究影响员工职业身份认同的个人和社会因素,以及用职业身份认同代表"想做"这一概念,建立从职业身份认同到主动性行为的作用机制。

第四节 角色宽度自我效能感研究综述

一 相关概念及内涵

角色宽度自我效能感(Role Breadth Self-efficacy)指员工感知到的有能力执行除规定的技术任务之外更宽泛和更积极的工作任务的信心[①],该信心来自个体的主观判断。

与角色宽度自我效能感类似的概念是自我效能感(Self-efficacy)。由班杜拉于1977年提出。自我效能感从认知心理学和人本主义心理学的角度,强调人们对完成某项工作任务的自信程度,而不是拥

---

① Parker S K, "Enhancing role breadth self-efficacy: the roles of job enrichment and other organizational interventions", *Journal of Applied Psychology*, Vol. 83, No. 6, January 1999, p. 835.

有的技能本身。① 自我效能感强的人，主观能动性就强。② 自我效能感是人们能否参与工作的重要精神支撑。③ 而班杜拉认为，自我效能感会随着工作任务和情景的变化而变化。自我效能感在预测针对特定任务的行为或可能产生的绩效时具有很好的效果。④

与自我效能感相比较，角色宽度自我效能感更加强调"宽度"，即员工对角色内、外工作的信心评估，尤其在主动性行为领域，很多主动性工作都是工作职责规定之外的，故本书用角色宽度自我效能感代替自我效能感，能更好地代表员工对自身主动性行为效能的评估。

二 影响因素

影响角色宽度自我效能感的因素，一是员工个人条件，如主动性人格、认知能力等，可以从招聘环节获得。二是工作本身因素，如工作内容、工作扩大化、工作丰富化、工作中的沟通（如让员工感知到他们被了解、被倾听、被鼓励发表看法，则他们更有自信去执行一个主动性要求高的综合性任务）、赋权（自主权、决策权）等。⑤ 三是员工的体验和感受⑥，包括：①行为成就（performance accomplishments）。行为成就来自个体过去的经验，已有的成功经验越多，个体的效能感越强；②替代性经验（vicarious experience）。通过观察他人的行为表现及其结果可以增强个体的效能感；③言语说服（verbal persuasion）。指他人的鼓励和积极评价可以增强个体对自身能力的判断，如组织中领导的评价和鼓励；④心理状态（phys-

---

① 班杜拉：《自我效能：控制的实施》（上、下册），缪小春等译，上海华东师范大学出版社 2003 年版，第 25 页。
② 郭本禹、姜飞月：《自我效能理论及其应用》，上海教育出版社 2008 年版，第 35 页。
③ Stajkovic, A. D., Luthans, F, "Self-efficacy and Work Related Performance: A Meta-analysis", *Psychological Bulletin*, Vol. 124, No. 22, September 1998, pp. 240–261.
④ Schwarzer R, Mueller J, Greenglass E, "Assessment of perceived general self-efficacy on the Internet: Data collection in cyberspace", *Anxiety Stress & Coping*, Vol. 12, No. 2, January 1999, pp. 145–161.
⑤ Axtell C M, Parker S K, "Promoting role breadth self-efficacy through involvement, work redesign and training", *Human Relations*, Vol. 56, No. 1, January 2003, pp. 113–131.
⑥ Bandura A, "Self-efficacy: Toward a unifying theory of behavioral change", *Advances in Behaviour Research & Therapy*, Vol. 1, No. 4, March 1977, pp. 139–161.

iological states)。个体面对任务时积极或消极的心理状态会影响其对能力的判断。四是组织、管理情景因素。包括：组织干预[1]、领导愿景[2]、领导类型[3]、工作控制感和时间压力[4]、组织内信任[5]、领导的代表性[6]。

三　角色宽度自我效能感与主动性行为的关系

上述相关研究表明，角色宽度自我效能感能够很好地预测员工的主动性行为。也有研究以角色宽度自我效能感作为中介变量研究组织、管理情景对员工工作绩效、工作态度、主动性行为的影响。[7][8]如前所述，与角色宽度自我效能感比较接近的概念是自我效能感。自我效能感是个人关于是否能够胜任某一任务的判断，也是影响个人工作动机的主要关键因素。[9]自我效能感越高的员工，越能有效完成工

---

[1] Axtell C M, Parker S K, "Promoting role breadth self-efficacy through involvement, work redesign and training", *Human Relations*, Vol. 56, No. 1, January 2003, p. 119.

[2] Griffin M A, Parker S K, Mason C M, "Leader vision and the development of adaptive and proactive performance: A longitudinal study", *Journal of Applied Psychology*, Vol. 95, No. 1, January 2010, pp. 174-82.

[3] Den Hartog D N, Belschak F D, "When does transformational leadership enhance employee proactive behavior? The role of autonomy and role breadth self-efficacy", *Journal of Applied Psychology*, Vol. 97, No. 1, August 2011, pp. 194-202.

[4] Sabine Sonnentag, Anne Spychala, "Job Control and Job Stressors as Predictors of Proactive Work Behavior: Is Role Breadth Self-Efficacy the Link?" *Human Performance*, Vol. 25, No. 5, November 2012, pp. 412-431.

[5] 黄勇、彭纪生：《主管—下属关系对员工负责行为的影响机制研究》，《西北师大学报》（社会科学版）2015年第5期。

[6] 廖辉尧、梁建：《自我牺牲型领导与员工主动行为：一个整合模型》，《中国人力资源开发》2015年第23期。

[7] 黄勇、彭纪生：《组织内信任对员工负责行为的影响——角色宽度自我效能感的中介作用》，《软科学》2015年第1期。

[8] 廖辉尧、梁建：《自我牺牲型领导与员工主动行为：一个整合模型》，《中国人力资源开发》2015年第23期。

[9] Gist M E, Mitchell T R, "Self-efficacy: A theoretical analysis of its determinants and malleability", *Academy of Management Review*, Vol. 17, No. 2, April 1992, pp. 183-211.

作任务[1]、坚持性越强[2]以及选择更有挑战性的目标[3]、采用更有效的工作方法和战略[4]，而以上行为均属于主动性行为的范畴。

四 小结

角色宽度自我效能感比自我效能感更能准确地表述员工对自身工作能力的评估，特别是对于职务说明书之外的、角色外行为的能力与工作信心评估。在进行主动性行为研究时，该概念能够更好地代表员工的自信心水平，即"能做"。同时，角色宽度自我效能感受员工个人条件、工作本身、员工的体验和感受以及组织和管理情景因素的影响，并最终归结于员工的个人心理体验，所以在管理实践中，想要掌握和控制角色宽度自我效能感，还是有一定难度的。本书拟通过管理措施提高员工的角色宽度自我效能感，从而增进员工的主动性行为。

第五节 组织氛围研究综述

一 相关概念及内涵

根据汉语词典的解释，氛围是指周围的气氛和情调。[5] 组织氛围（Organizational Climate）是组织成员对组织事件、政策、实践和程序，以及组织奖励、支持和期望行为的共同感知。[6] 由此可见，组织氛围概念更多强调的是员工层面的个人感知，是员工感知到的组织内部环境心理氛围。与组织氛围比较相近的概念是企业文化，企业文化是企业在

---

[1] Barling J, Beattie R, "Self-efficacy beliefs and sales performance", *Journal of Organizational Behavior Management*, Vol. 5, No. 1, June 1983, pp. 41-51.

[2] Lent R W, Brown S D, Larkin K C, "Comparison of three theoretically derived variables in predicting career and academic behavior: Self-efficacy, interest congruence, and consequence thinking", *Journal of counseling psychology*, Vol. 34, No. 3, July 1987, pp. 293-298.

[3] Locke E A, Latham G P, *A theory of goal setting & task performance*, Prentice-Hall, Inc, 1990.

[4] Wood R E, George-Falvy J, Debowski S, *Motivation and information search on complex tasks*, Lawrence Erlbaum Associates Publishers, 2001.

[5] 汉语词典官方网站，http://www.zdic.net/c/2b/67740.htm，2019年。

[6] Ehrhart M G, "Leadership and procedural justice climate as antecedents of unit-level organizational citizenship behavior", *Personnel Psychology*, Vol. 57, No. 1, 2004, pp. 61-94.

长期发展过程中形成的具有特色的群体意识和行为规范，以及与之相适应的规章制度和组织机构的总和。企业文化包括精神层（企业使命、核心价值观）、制度与行为层（规章制度、员工行为习惯）、显现层（企业形象、经营业绩、工作效率等），是企业发展的底蕴；组织氛围是个人对组织环境各个方面的认识，强调组织成员对组织的客观环境（包括企业文化）的知觉、认知和评价。企业文化对组织氛围有着强烈影响，因为企业文化影响着员工如何看待、理解组织，也最终影响着员工对组织的知觉、认知和评价；组织氛围从个体实际感知的角度出发，是研究企业文化对组织成员实际效果的重要指标，强烈折射出企业文化。

Schneider 指出，组织氛围是一个特别宽泛的概念，在研究上容易与其他变量发生重叠，如工作满意度，而且前期研究也出现了对组织氛围与其结果变量（如组织绩效）之间关系的不同观点和结论，因而需要进一步细化为特定组织氛围方能更好地进行管理问题研究。[①] 而目前关于组织氛围的研究也证实了这一点，同一组织内有多重组织氛围，每一种组织氛围发挥着不同作用。如：建言氛围（voice climate）[②]、创新氛围（innovation climate）[③]、公平氛围（justice climate）[④]、领导氛围（leadership climate）[⑤]、安全氛围（safety climate）[⑥]、劳动关系氛

[①] Schneider B, "Organizational climates: An essay", *Personnel Psychology*, Vol. 28, No. 4, December 1975, pp. 447 - 479.

[②] Morrison E W, Wheeler - Smith S L, Kamdar D, "Speaking up in groups: A cross - level study of group voice climate and voice", *Journal of Applied Psychology*, Vol. 96, No. 1, January 2011, pp. 183 - 191.

[③] Anderson N R, West M A, "Measuring climate for work group innovation: Development and validation of the team climate inventory", *Journal of Organizational Behavior*, Vol. 19, No. 3, May 1998, pp. 235 - 258.

[④] Haynie J J, Cullen K L, Lester H F, et al, "Differentiated leader - member exchange, justice climate, and performance: Main and interactive effects", *The Leadership Quarterly*, Vol. 25, No. 5, October 2014, pp. 912 - 922.

[⑤] Chen G, Bliese P D, "The role of different levels of leadership in predicting self - and collective efficacy: Evidence for discontinuity", *Journal of Applied Psychology*, Vol. 87, No. 3, June 2002, pp. 549 - 556.

[⑥] Griffin M A, Neal A, "Perceptions of safety at work: A framework for linking safety climate to safety performance, knowledge, and motivation", *Journal of Occupational Health Psychology*, Vol. 5, No. 3, August 2000, pp. 347 - 358.

围（labor relations climate）[①] 等。Ehrhart 等的研究中，将组织氛围的度量转变为特定氛围，将对组织氛围的测量聚焦于与特定结果相关的维度上，从而提高了组织氛围测量的效度，厘清了特定组织氛围与组织结果的关系，使组织氛围的研究更有意义。[②] 在本书中，也将组织氛围细化为三个方面：感知组织支持、感知组织压力/机会、过去行为经验。

1. 感知组织支持的概念与内涵

感知组织支持（Perceived Organizational Support，简称 POS）或称组织支持感，指员工对组织如何看待自己的贡献并关心自己的利益的一种知觉和看法，简单说就是员工感受到的来自组织方面的支持。[③] 该概念来源于组织支持理论，该理论由美国社会心理学家艾森伯格（Eisenberger）等人于 1986 年提出，组织支持理论认为，除了需要、动机以外，员工感受到的来自组织方面的支持也会鼓舞和激励员工的行为表现。

感知组织支持与情感承诺、持续承诺[④]，以及工作满意度、领导成员交换、上级支持、程序公正、努力—奖赏期望[⑤]之间有区别但又相关联。

2. 感知组织压力/机会的概念与内涵

压力指个体在指向目标的活动中，处于难以应对的处境中所产生的情绪和身体上的异常感受和体验。压力的产生来自个人对压力的看法，按照 Lazarus 等学者的说法，压力是需求及理性地对待这些需求

[①] 崔勋、张义明、瞿姣姣：《劳动关系氛围和员工工作满意度：组织承诺的调节作用》，《南开管理评论》2012 年第 2 期。

[②] Ehrhart M G, Aarons G A, Farahnak L R, "Assessing the organizational context for EBP implementation: the development and validity testing of the Implementation Climate Scale (ICS)", *Implementation Science*, Vol. 9, No. 1, October 2014, p. 157.

[③] 赵国祥：《管理心理学高级教程》，安徽人民出版社 2008 年版，第 9—103 页。

[④] Shore L M, Tetrick L E, "A construct validity study of the Survey of Perceived Organizational Support", *Journal of Applied Psychology*, Vol. 76, No. 5, October 1991, pp. 637–643.

[⑤] Rhoades L, Eisenberger R, "Perceived organizational support: A review of the literature", *Journal of Applied Psychology*, Vol. 87, No. 4, September 2002, p. 699.

之间的联系。① 即同一个客观环境事件对某人来说具有压力性，而对其他人来说可能不具备压力性。压力是与具体的行为人相联系的，由此，对压力的感知成为管理者研究压力管理最关键的部分。在本研究中，用感知组织压力（Perceived Organizational Stress）代表员工感受到的来自组织的对主动性行为的要求和期望，以及由此带来的紧张感。

感知组织机会（Perceived Organizational Opportunity）的定义多与特定的情境联系，如 Wheeler 等将感知机会定义为个体感知到的可获得替代性工作的机会②；张玉利、杨俊对创业的研究认为创业机会感知指的是对社会关系网络、经验、机会成本等信息的综合分析评价过程。③④ 在本研究中，将感知组织机会定义为员工感受到的组织为鼓励员工的主动性行为而给予的激励措施的实际效用。

由于压力与机会是并存的，且在本研究中，感知组织压力与机会均是员工对组织为满足员工某一方面的需求而设计的制度、奖励或惩罚措施等的感受来体现的，并有将二者合并进行研究的相关案例（如陈仕华等⑤、蔡宁等⑥），故在本研究中，将二者合并为一个构念进行研究。

3. 过去行为经验的概念与内涵

在本研究中，过去行为经验（Past Behavior Experience）指的是总结自己或观察他人的过去主动性行为及相关后果后得出的对主动性行为的评价或看法。该评价或看法主要包括对企业内员工主动性行为的

---

① Lazarus, Richard S, "Theory – Based Stress Measurement", *Psychological Inquiry*, Vol. 1, No. 1, January 1990, pp. 3 – 13.

② Wheeler A R, Buckley M R, Halbesleben J R B, et al, "The Elusive Criterion of Fit Revisited: Toward an Integrative Theory of Multidimensional Fit", *Research in Personnel & Human Resources Management*, Vol. 24, No. 05, August 2005, pp. 265 – 304.

③ 张玉利：《企业家创业行为调查》，《经济理论与经济管理》2003 年第 9 期。

④ 杨俊：《企业家创业机会的感知过程》，《经济管理》2006 年第 21 期。

⑤ 陈仕华、卢昌崇、姜广省等：《国企高管政治晋升对企业并购行为的影响——基于企业成长压力理论的实证研究》，《管理世界》2015 年第 9 期。

⑥ 蔡宁、贺锦江、王节祥：《"互联网+"背景下的制度压力与企业创业战略选择——基于滴滴出行平台的案例研究》，《中国工业经济》2017 年第 3 期。

内容、意义、作用等方面，从而影响了员工后续是否会采取主动性行为。

在本研究中，过去行为经验这一概念的提出来源于人力资源管理领域非常重要的方法——行为面试法（Behavior Description Interviewing，简称 BDI），其核心思想是通过对过去行为的描述来预测员工未来行为。该方法被广泛应用于人力资源招聘管理中，是企业选人用人环节具备较高信度和效度的方法。本研究认为，员工对于过去行为的评价或看法（如有用、无用）是真正影响其未来是否会采取相应行为的因素，因而用过去行为经验代表员工对过去主动性行为的评价或看法。

另外，保护动机理论（Protect Motivation Theory）及调节定向理论（Regulatory Focus Theory）均对过去行为经验的提出提供了理论支持。

保护动机理论由 Rogers 于 1975 年提出，用于解释人类由于对过去行为结果的害怕、恐惧而产生的行为改变，认为人们会对面临的威胁及应对策略作出评估，从而选择减少威胁的行为策略。后来该理论也被用于说服沟通中，强调了调节行为变化的认知过程。本研究中，可以用于解释员工由于对过去主动性行为带来的利弊及对不主动行为会给自己带来的威胁的感知，从而决定后续是否采取主动性行为。

调节定向理论由 Higgins 于 1997 年提出，该理论细化及区分了人类行为的动机，指出人的行为动机分为以促进为主的动机（Promotion Focus）和以预防为主的动机（Prevention Focus），并且在行为决策中发挥不同的作用。两种动机的来源均基于对过去行为的总结上，促进动机重点关注的是进步、成长，而预防动机重点关注的是安全性、责任。Higgins 在后续的研究中进一步证实了促进动机与预防动机的不同。[1][2] 比如：当个人刚刚经历了成功事件之后，促进动机的人会渴

---

[1] Crowe E, Higgins E T, "Regulatory focus and strategic inclinations: Promotion and prevention in decision-making", *Organizational Behavior & Human Decision Processes*, Vol. 69, No. 2, 1997, pp. 117-132.

[2] Higgins E T, Friedman R S, Harlow R E, et al, "Achievement orientations from subjective histories of success: Promotion pride versus prevention pride", *European Journal of Social Psychology*, Vol. 31, No. 1, January 2001, pp. 3-23.

望从事一项新的任务,因为从事一项新的任务会使其产生自豪感,其行为动机来自希望和成就(获得感),而预防动机的人选择重新从事一项新任务的动机会来自安全与责任(非损失);当个人从事的工作需要产生任何数量的替代方案(比如创新性、主动性工作),那些以促进为重点的人应产生更多不同的替代方案,而那些以预防为重点的人应更具重复性。由此可见,员工的主动性行为也存在促进动机和预防动机。对于促进动机的员工,主动性行为是为了更好地发展或"获得";而对于预防动机的员工,主动性行为是为了避免落后或"失去"。员工的这些感受来自对自己或他人的过去主动性行为及结果的评价上,是一种主观评价(由于篇幅所限,本书没有对促进动机的主动性行为和预防动机的主动性行为作区分)。在本书中,调节定向理论可用于解释员工由于对过去主动性行为的好的(积极的、促进定向的)或不好的(消极的、预防定向的)体验,而产生对未来主动性行为的决策。

二 影响因素

1. 感知组织支持的影响因素

Rhoades 和 Eisenberger 通过元分析发现,程序公正、来自上级的支持和组织的奖赏和工作条件是产生 POS 的前因变量[1];Shore 等认为,员工对工资增长和职位提升这样的组织政策的程序公正的评价产生 POS[2];Aselage 等、Fu Y 等认为组织公正是 POS 最主要的构成因素[3][4]。宋春蒿、王辉、张一驰进一步发现,将组织公平分为交互公

---

[1] Rhoades L, Eisenberger R, "Perceived organizational support: A review of the literature", *Journal of Applied Psychology*, Vol. 87, No. 4, September 2002, p. 710.

[2] Shore L M, Wayne S J, "Commitment and employee behavior: Comparison of affective commitment and continuance commitment with perceived organizational support", *Journal of Applied Psychology*, Vol. 78, No. 5, November 1993, pp. 774 – 780.

[3] Aselage J, Eisenberger R, "Perceived organizational support and psychological contract: A theoretical integration", *Journal of Organizational Behavior*, Vol. 24, No. 5, August 2003, p. 493.

[4] Fu Y, Zhang L, "Organizational justice and perceived organizational support", *Nankai Business Review International*, Vol. 3, No. 2, June 2012, pp. 145 – 166.

平、分配公平、程序公平,其对感知组织的支持均有不同程度影响[1];Wayne 等研究发现,领导成员交换促进产生组织支持感[2];芦慧等的研究将组织制度支持感作为感知组织支持最重要的变量[3]。组织制度支持感可以用工作矫正、利益公正、尊重员工三个维度进行测度。综上,感知组织支持的影响因素主要来自领导成员交换、组织政策、组织公平等。

2. 感知组织压力/机会的影响因素

Cooper 和 Marshall 认为引起工作压力的因素有工作本身的因素(如工作负荷、时间等)、组织中的角色(如人际冲突、角色冲突、任务冲突等)、工作中的关系(上级支持、与同级的关系等)、职业发展(职业安全感、晋升、自我实现等)、组织结构与组织倾向(组织价值观、领导风格、决策方式等)。[4] 舒晓兵等将压力归为时间、互动、情景和期望四个方面的因素。[5] 杨俊认为,创业家的资源禀赋差异直接影响创业机会感知[6],社会关系网络、先前经验知识与机会成本互动是影响创业机会感知的三个因素[7]。由此可见,感知组织压力/机会的影响因素包括个体因素(知识、经验)与环境因素两个方面,在本研究中,重点研究环境因素中的组织管理环境,并将其与个人感知结合来作为感知组织压力/机会的影响因素。

3. 过去行为经验的影响因素

过去行为经验的影响因素来自个体对过去行为后果的评价,该评

---

[1] 宋春蔺、王辉、张一驰:《组织公平对员工工作结果的影响:领导—部属交换及知觉到的组织支持的中介作用》,《管理学家》(学术版)2008 年第 1 期。

[2] Wayne S J, Shore L M, Liden R C, "Perceived organizational support and leader - member exchange: A social exchange perspective", *The Academy of Management Journal*, Vol. 40, No. 1, 1997, pp. 82 - 111.

[3] 芦慧、杜巍、柯江林:《组织制度支持感研究——内涵、结构和测量》,《软科学》2016 年第 3 期。

[4] Cooper C L, Marshall J, *Understanding Executive Stress*, Springer, 1977.

[5] 舒晓兵、廖建桥:《工作压力研究:一个分析的框架——国外有关工作压力的理论综述》,《华中科技大学学报》(人文社会科学版)2002 年第 5 期。

[6] 杨俊:《基于企业家资源禀赋的创业行为过程分析》,《外国经济与管理》2004 年第 2 期。

[7] 杨俊:《企业家创业机会的感知过程》,《经济管理》2006 年第 21 期。

价带有主观性。根据保护动机理论,该评价来自员工对过去行为给自己带来的威胁以及自身采取相应应对措施的自信程度。而根据调节定向理论,过去行为经验因个人对过去行为及其结果的促进动机或预防动机而存在评价差异,该评价或积极正向,或消极预防。

三 维度与测量

早期的组织氛围测量量表是针对组织整体环境来的,测量的范围广,难以预见组织的特定现象或行为,所以关于组织氛围的测量问题应集中于针对特定组织氛围的量表。如 Schneider 开发了组织安全氛围量表[1];Niehoff 和 Moorman 开发了组织公平氛围量表[2],将组织公平氛围分为分配公平、程序公平和交互公平,以及多个关于创新氛围的量表,如创新支持量表、创新氛围评估量表、团队创新氛围评估量表、创新氛围量表等。Hummer、段锦云等研究了组织氛围的测量问题,指出应该从个人、团队和组织三个方面分别采用不同方法测量。[3][4]

1. 感知组织支持的测量

感知组织支持有单维模型。Eisenberger 等开发出了感知组织支持的含 36 个条目的量表[5],该量表采用自陈述方式进行测度,但因素分析发现可以归为一个因素,即员工对于组织是否重视他们的贡献和是否在不同情况下对员工表示支持的感受。

McMillan 则提出,感知组织支持由工具性支持和情感性支持两个

---

[1] Schneider B, "Organizational Climate and Culture", *Annual Review of Psychology*, Vol. 24, No. 1, February 2006, pp. 255 – 72.

[2] Niehoff B P, Moorman R H, "Justice as a mediator of the relationship between methods of monitoring and organizational citizenship Behavior", *Academy of Management Journal*, Vol. 36, No. 3, June 1993, pp. 527 – 556.

[3] Hummer, Douglas A, "Organizational climate and culture: An introduction to theory, research, and practice", *Human Resource Development Quarterly*, Vol. 27, No. 2, January 2014, pp. 297 – 301.

[4] 段锦云、王娟娟、朱月龙:《组织氛围研究:概念测量、理论基础及评价展望》,《心理科学进展》2014 年第 12 期。

[5] Eisenberger R, Stinglhamber F, "Perceived organizational support", *Journal of Applied Psychology*, Vol. 71, No. 3, August 1986, p. 504.

维度构成。前者指信息、物质、人员等有形资源的支持，后者指如尊重员工、关注员工感受、关注员工幸福感等无形的支持。[1]

Rhoades 和 Eisenberger 用程序公正、来自上级的支持和来自组织的奖赏、工作条件来测度组织支持感。[2] Lindell 等、Aselage 等认为，程序公正是获得组织支持感最主要的因素。[3][4] Moorman 等认为员工对程序公正的感知主要来自工资增长和职位提升政策等的认识和评价。[5]

凌文辁等对中国员工的感知组织支持研究中，将感知组织支持分为三个维度：工作支持、关心利益、价值认同[6]，该量表注重通过组织和领导行为事件描述来确定员工的感知组织支持，被国内很多学者引用（但因题项较多，本书只对其进行了归纳提取）。

2. 感知组织压力/机会的测量

Randall 的研究中将压力分为组织压力与个人压力两个层面、压力包括压力评估与压力反应（包括短期、中期、长期反应），其中压力反应分自愿和非自愿两类，从而对组织中的压力作了较为全面的分类和度量[7]。

Howell 开发了包括 10 个条目的感知职业机会问卷[8]，肖兴政等用

---

[1] McMillan R, Customer Satisfaction and Organizational Support for Service Providers, Ph. D. dissertation, University of Florida, 1997.

[2] Rhoades L, Eisenberger R, "Perceived organizational support: A review of the literature", *Journal of Applied Psychology*, Vol. 87, No. 4, September 2002, pp. 698 – 714.

[3] Lindell M K, Brandt C J, "Climate quality and climate consensus as mediators of the relationship between organizational antecedents and outcomes", *Journal of Applied Psychology*, Vol. 85, No. 3, June 2000, pp. 331 – 348.

[4] Aselage J, Eisenberger R, "Perceived organizational support and psychological contract: A theoretical integration", *Journal of Organizational Behavior*, Vol. 24, No. 5, August 2003, p. 500.

[5] Moorman R H, Blakely G L, Niehoff B P, "Does perceived organizational support mediate the relationship between procedural justice and organizational citizenship behavior?" *Academy of Management Journal*, Vol. 41, No. 3, June 1998, pp. 351 – 357.

[6] 凌文辁、杨海军、方俐洛：《企业员工的组织支持感》，《心理学报》2006 年第 2 期。

[7] Randall S. Schuler, "An integrative transactional process model of stress in organizations", *Journal of Organizational Behavior*, Vol. 3, No. 1, January 1982, pp. 5 – 19.

[8] Howell F M, Others A, "The measurement of perceived opportunity for occupational attainment", *Journal of Vocational Behavior*, Vol. 25, No. 3, December 1984, pp. 325 – 343.

员工晋升感知来测量感知组织机会,并由此发现其对组织公民行为有显著影响[1];史容等将创业机会感知分为三种:探索型创业机会感知、问题型创业机会感知与创业机会时机感知[2]。

由此,感知组织压力/机会的测量来自员工对特定组织事件对自身带来的紧迫感及机会感的感知,而该特定组织事件一般是为员工所关心和关注的、与自身利益密切相关的。

3. 过去行为经验的测量

根据以往研究,过去行为经验的测量是以特定的事件或对象为载体的,并表现为对该事件或对象的评价或看法。如王丹研究了矿工对过去违章行为的风险性评价对后续违章行为的影响[3];刘健、张宁研究了旅客对过去乘坐高铁的体验对其后续是否继续选择高铁出行的影响[4],等等。该评价是具体的、有针对性的、带有目的性的。本书的过去行为经验研究也将使用这一思想,度量员工对自己或他人过去主动性行为的评价或看法。

四 组织氛围与主动性行为

组织氛围会影响员工态度、员工行为、顾客满意度、员工绩效、团队/组织绩效。在组织氛围对员工行为的影响研究中,发现其影响作用有中介作用和调节作用两种。如组织氛围在领导力和员工行为间起中介作用[5]、在战略人力资源管理与员工行为之间起中介作用[6];

---

[1] 肖兴政、赵志彬:《感知到晋升的员工会更加的无私吗?晋升感知与组织公民行为关系的实证研究》,《中国人力资源开发》2017年第3期。

[2] 史容、殷红春、魏亚平:《创业机会感知与创业动机对创业意向的影响——基于潜在科技型创业者的中介效应模型》,《北京理工大学学报》(社会科学版)2016年第5期。

[3] 王丹:《基于计划行为理论的矿工违章行为研究》,《中国安全科学学报》2011年第4期。

[4] 刘健、张宁:《基于计划行为理论的高速铁路乘坐意向研究》,《管理学报》2014年第9期。

[5] Mayer D M, Nishii L H, Schneider B, et al, "The precursors and products of justice climates: Group leader antecedents and employee attitudinal consequences", *Personnel Psychology*, Vol. 60, No. 4, December 2007, pp. 929 – 963.

[6] 宋典、袁勇志、张伟炜:《战略人力资源管理、创新氛围与员工创新行为的跨层次研究》,《科学学与科学技术管理》2011年第1期。

组织氛围在领导行为与创造力间起调节作用[1]、在个体满意度与建言行为间起调节作用[2]。罗瑾琏等通过对多行业多岗位类型员工样本的研究发现，组织氛围感知对员工创造力有显著影响，而其中上级支持是组织氛围中最重要的因素。[3]

1. 感知组织支持与主动性行为

组织支持理论认为，感知组织支持会促使员工产生帮助企业实现目标的义务感。Eisenberger 等的研究发现，感知组织支持正向影响员工的义务感、组织承诺及创新行为。[4] Rhoades 等对邮政员工的实证研究也证实了这一点。[5] 具有较高 POS 的员工往往具有较高的组织承诺（员工对组织的认同、卷入和情感依恋）。[6] Chen 和 Eisenberger 研究发现，感知组织支持导致角色外行为[7]，George 和 Brief 研究发现，组织支持感能够增进员工的角色外行为，如协助同事完成工作、作出使组织避免危害的有利行为、提出建设性意见、主动增加有益于工作的知

---

[1] Imran R, Haque M A, "Mediating effect of organizational climate between transformational leadership and innovative work behavior", *Pakistan Journal of Psychological Research*, Vol. 6, No. 2, January 2011, pp. 183 – 199.

[2] Morrison E W, Wheeler – Smith S L, Kamdar D, "Speaking up in groups: A cross – level study of group voice climate and voice", *Journal of Applied Psychology*, Vol. 96, No. 1, January 2011, p. 190.

[3] 罗瑾琏、张波、钟竞：《认知风格与组织氛围感知交互作用下的员工创造力研究》，《科学学与科学技术管理》2013 年第 2 期。

[4] Eisenberger Robert, Fasolo Peter, Davis – LaMastro Valerie, "Perceived organizational support and employee diligence, commitment, and innovation", *Journal of Applied Psychology*, Vol. 75, No. 1, February 1990, pp. 51 – 59.

[5] Rhoades L, Eisenberger R, Armeli S, "Affective commitment to the organization: The contribution of perceived organizational support", *Journal of Applied Psychology*, Vol. 86, No. 5, November 2001, pp. 825 – 836.

[6] O'Driscoll M P, Randall D M, "Perceived organizational support, satisfaction with rewards, and employee job involvement and organizational commitment", *Applied Psychology*, Vol. 48, No. 2, April 1999, pp. 197 – 209.

[7] Chen Z, Eisenberger R, Johnson K M, et al, "Perceived organizational support and extra – role performance: which leads to which?" *Journal of Social Psychology*, Vol. 149, No. 1, February 2009, pp. 119 – 124.

识技能、传播组织价值等①。芦慧等的研究认为，组织制度支持感促进员工产生遵从行为。② 宗文等、苗仁涛等均认为组织支持促进组织公民行为产生。③④ 许颖的研究发现，组织支持感知与隐性知识共享呈正相关，而此处的隐性知识共享行为也属于一种主动性行为。⑤

感知组织支持对于提高员工的组织承诺、增强员工角色内行为、组织公民行为、促进主动行为的产生均有作用。通过组织支持给予员工更多工作的自主性和自由度，是应对当今管理中对员工主动性要求提高的较好途径。

2. 感知组织压力/机会与主动性行为

McGrath 是最早认为感知组织压力与工作行为有关系的学者；Randall 认为，感知组织压力是组织管理中一种非常重要的现象，能够促进员工产生有效工作行为⑥；葛青华等认为，适度的工作压力有利于发挥员工的主观能动性，从而达到更好的工作绩效⑦；Wheeler 等认为感知组织机会与离职行为呈负相关关系⑧；翁清雄、席酉民研究发现，感知机会调节职业成长与离职倾向之间的关系⑨；龙静等研究

---

① George J M, Brief A P, "Feeling good – doing good: A conceptual analysis of the mood at work – organizational spontaneity relationship", *Psychological Bulletin*, Vol. 112, No. 2, October 1992, pp. 310 – 329.

② 芦慧、杜巍、柯江林：《组织制度支持感研究——内涵、结构和测量》，《软科学》2016 年第 3 期。

③ 宗文、李晏墅、陈涛：《组织支持与组织公民行为的机理研究》，《中国工业经济》2010 年第 7 期。

④ 苗仁涛、孙健敏、刘军：《基于工作态度的组织支持感与组织公平对组织公民行为的影响研究》，《商业经济与管理》2012 年第 9 期。

⑤ 许颖：《差序氛围、组织支持感知与隐性知识共享之关系探讨》，《科技管理研究》2015 年第 9 期。

⑥ Randall S. Schuler, "An integrative transactional process model of stress in organizations", *Journal of Organizational Behavior*, Vol. 3, No. 1, January 1982, pp. 5 – 19.

⑦ 葛青华、林盛：《企业员工工作压力感知及缓解策略研究》，《山东社会科学》2011 第 12 期。

⑧ Wheeler A R, Gallagher V C, Brouer R L, et al, "When person – organization (mis) fit and (dis) satisfaction lead to turnover: The moderating role of perceived job mobility", *Journal of Managerial Psychology*, Vol. 22, No. 2, February 2007, pp. 203 – 219.

⑨ 翁清雄、席酉民：《职业成长与离职倾向：职业承诺与感知机会的调节作用》，《南开管理评论》2010 年第 2 期。

发现,当员工将企业并购感知为机会时,会对创造力产生正面影响[①];杨俊认为,创业机会感知驱动创业行为[②]。

由此可见,感知组织压力/机会对员工的主动性行为会产生正面影响。

3. 过去行为经验与主动性行为

根据行为面试法的原理,过去行为是未来行为最好的预测源,如Bagozzi等研究发现过去行为经验能够有效预测优惠券使用意向。[③] Conner等将过去行为经验加入计划行为理论模型中,解释了行为意向7%的变异以及行为13%的变异[④];Sonmez等研究发现旅游者过去国际旅游中的风险经验会影响其后续去不同地域旅游的可能性[⑤];Harris研究认为,过去行为可以有效预测未来行为[⑥]。也有研究认为,过去行为经验是自我效能感的重要影响因素[⑦],即通过过去行为经验形成的自我效能感的提升,会促进员工后续采取相同行为。对于主动性行为而言,由于其带有不确定性、风险性、非强制性,因而存在复杂的决策机制,但过去行为经验仍然是未来主动性行为的重要影响源。

五 小结

组织氛围是一个特别宽泛的概念,为了清晰界定组织氛围中的特

---

① 龙静、程德俊、王陵峰:《企业并购情境下的威胁感知与员工创造力:工作负担和挑战性的调节效应》,《经济科学》2011年4期。

② 杨俊:《基于企业家资源禀赋的创业行为过程分析》,《外国经济与管理》2004年第2期。

③ Bagozzi R P, Baumgartner H, Yi Y, "State versus action orientation and the theory of reasoned action: An application to coupon usage", *Journal of Consumer Research*, Vol. 18, No. 4, March 1992, pp. 505-518.

④ Conner M, Armitage C J, "Extending the theory of planned behavior: A review and avenues for further research", *Journal of Applied Social Psychology*, Vol. 28, No. 15, August 1998, pp. 1429-1464.

⑤ Sonmez S F, Graefe A R, "Determining future travel behavior from past travel experience and perceptions of risk and safety", *Journal of Travel Research*, Vol. 37, No. 2, November 1998, pp. 171-177.

⑥ Harris L, Lee V, Thompson E, et al, "Exploring the generalization process from past behavior to predicting future behavior", *Journal of Behavioral Decision Making*, Vol. 29, No. 4, June 2015, pp. 419-436.

⑦ 姚凯:《自我效能感研究综述——组织行为学发展的新趋势》,《管理学报》2008年第3期。

定氛围对员工主动性行为的影响,本研究选择了感知组织支持、感知组织压力/机会、过去行为经验三个特定组织氛围作研究。组织支持感是员工对组织支持的感受,该感受是偏柔性的,组织对主动性行为的定位要求是自愿的,受员工个人因素影响较大;感知组织压力/机会来自压力管理,该感受是偏刚性的,组织对主动性行为的定位要求是必须的、强制的,是产生主动性行为的主要动力来源;而过去行为经验对于员工对主动性行为的潜移默化的影响也十分重要。以上三个方面的组织氛围的影响因素均来自自身感知及周围组织、管理情景。在开发相关量表时,需要充分考虑中国文化背景的影响,采用特定事件或情景评价法来度量员工的组织氛围感受。而以上三个方面的组织氛围对主动性行为均有影响,本书需要运用激励理论中的相关措施提高员工对感知组织支持、感知组织压力/机会、过去行为经验的体验强度,从而激发其产生主动性行为。在针对主动性行为的研究中,组织氛围能够较好地代表"要做"这一概念。

第六节 现有研究述评

一 现有研究的不足

从以上各个部分的小结分析可以看出,计划行为理论、角色认同理论、激励理论构成了本研究的理论基础,但还不足以支撑本研究的全部假设;而关于主动性行为的前因变量的研究中缺少职业身份认同,更缺少职业身份认同与角色宽度自我效能感的共同作用,且多针对特定主动性行为展开研究;职业身份认同的研究中对于其概念内涵、成因、构成也缺乏深入研究,更缺乏其与主动性行为之间的关系研究;对于本书中提出的组织氛围的三个方面对主动性行为意愿到主动性行为之间的作用也没有具体研究。

主动性行为作为职业行为中比较重要和难以激发的行为,存在其特殊性。在现代企业对员工主动性工作行为的要求不断提高的前提下,如何从提高员工职业身份认同的角度来增强员工的主动性行为,研究职业身份认同的不同层次与员工主动性行为的关系，成为需要进一步细化研究的课题。

二 现有研究的启示

按照计划行为理论、角色认同理论以及激励理论的观念，从职业身份认同到主动性行为的理论基础是存在的，但又需要修正现有理论模型中的部分内容，并将上述理论进行有效融合，构建新的模型，才能更好地解释基于职业身份认同的员工主动性行为。根据计划行为理论，个人行为的重要预测变量是行为意愿，而行为意愿受到行为主体针对某一特定行为的态度、主观规范、知觉行为控制的共同影响。计划行为理论的创始人 Ajzen 认为该理论是一个开放性的理论模型，并指出可以在此基础上添加新的预测变量，只要该变量能够在理论上影响行为意愿和行为。[1] 如 Conner 的研究中区分了意图的稳定性、行为的稳定性、过去行为感知、行为信念对健康饮食的影响[2]；Hagger 和 Chatzisarantis 将态度分解为情感性态度与工具性态度、实际控制因素取代感知行为控制、将实际规则取代主管规则[3]等。更多的修正是针对不同的研究对象和内容加入具体限制情境因素以提高模型的解释力（如 Payne 等[4]，Van 等[5]）。具体来说，计划行为理论中态度、主观规范、知觉行为控制均是指向特定行为的。态度指的是"对特定行为的态度"，而本研究中拟将职业身份认同作为前因变量，而不是将"对主动性行为的态度"作为前因变量；计划行为理论中的主观规范指的

---

[1] Ajzen I, "The theory of planned behavior", *Organizational Behavior and Human Decision Processes*, Vol. 50, No. 2, 1991, pp. 179 – 211.

[2] Conner M, Norman P, Bell R, "The theory of planned behavior and healthy eating", *British Journal of Social Psychology*, Vol. 40, No. 4, April 2002, pp. 471 – 499.

[3] Hagger, M. S., & Chatzisarantis, N. L, "First - and higher - order models of attitudes, normative influence, and perceived behavioral control in the theory of planned behavior", *British Journal of Social Psychology*, Vol. 44, No. 4, January 2006, pp. 513 – 535.

[4] Payne N, Jones F, Harris P R, "The impact of job strain on the predictive validity of the theory of planned behavior: An investigation of exercise and healthy eating", *British Journal of Health Psychology*, Vol. 10, No. 1, March 2005, pp. 115 – 131.

[5] Van, Bakker A B, Bakker P, "Why are structured interviews so rarely used in personnel selection?" *Journal of Applied Psychology*, Vol. 87, No. 1, March 2002, pp. 176 – 184.

是"人们对自己在乎的人会如何看待自己的特定行为的信念"①，而本研究中将这一理念用到组织氛围的测度中；知觉行为控制是"对特定行为的难易程度的感知"，而本研究中认为，主动性行为的难易程度的感知包含在模型中的职业身份认同、角色宽度自我效能感、组织氛围之中了，所以将其舍弃。

本研究的亮点之一是引入了"角色宽度自我效能感"这一概念来度量对主动性行为能力的自信心评估。主动性行为范围广泛、存在不确定性、风险性，因而员工对主动性行为的自信心水平能够影响员工是否愿意实施主动性行为。

根据角色认同理论，角色认同影响角色行为，故可以借鉴该观点初步建立职业身份认同到主动性行为之间的关系。但二者存在不同，首先，"身份"与"角色"的概念存在差异，需区别；其次，主动性行为与角色行为存在差异；最后，本研究模型中融入了计划行为理论的观点，还有"主动性行为意愿"这一变量作为中介，因而还需要研究职业身份认同对主动性行为意愿的影响，以及主动性行为意愿对主动性行为的影响。

在中国传统文化背景下，角色期望指个人所在的社会、组织、团体及其他个人对个体角色行为的期待和要求。② 个体所处的环境中存在多个角色发送者，他们对个体的行为抱有期望，并向个体发送这种期望，从而影响个人的角色定位和行为。③ 角色占有者会进行角色感知，角色期望越清晰，个人的角色行为越能与角色期望保持一致。无论是角色理论（包括结构角色理论和过程角色理论）还是认同理论（包括认同理论和社会认同理论），都认为角色认同的形成既是个人主观角色认识的结果，又是周边社会群体影响的结果。本研究中的职业身份认同与职业角色认同有相似之处（当然也有不同之处，具体分析

---

① ［美］埃略特·阿伦森：《社会心理学：阿伦森眼中的社会性动物》，侯玉波译，机械工业出版社2014年版，第164页。
② 奚从清：《角色论：个人与社会的互动》，浙江大学出版社2010年版，第35页。
③ Fondas N, Stewart R, "Enactment in managerial jobs: a role analysis", *Journal of Management Studies*, Vol. 31, No. 1, May 2007, pp. 83 – 103.

见本章第三节），因而可以借鉴角色认同理论中的相关观点，建立个人认同、社会认同与职业身份认同的相关联系。

激励理论认为行为动机是产生行为的基础。而本书模型中的"主动性行为意愿"是一种态度而非动机，因而不能简单讨论主动行为意愿影响主动性行为。借鉴激励理论的观点，在主动性行为变量之前，应该产生一个叫"主动性行为动机"的因素。而该动机因素分为内部动机和外部动机，在本研究中，内部动机可以从职业身份认同、角色宽度自我效能感产生；外部动机可以从组织氛围产生，而产生过程需要用到内部激励或外部激励。特别是针对员工的主动性行为，其意愿到行为之间受外界影响较大，故本研究可以借鉴激励理论的原理，通过外界刺激使员工在有行动意愿之后能够转化为行为。故在以上建模过程中，需要增加"组织氛围"这一变量，并建立主动性行为意愿到主动性行为之间的作用机理模型。

更进一步，根据主动性行为、职业身份认同、角色宽度自我效能感、组织氛围的相关研究中与本研究有关系的部分可以看出，将以上构念融入本书的研究模型中是存在前期理论基础的。

至此，现有研究基本可以支持本书研究理论模型的建立。

第三章 理论模型构建及研究假设

第一节 职业身份认同的形成机制研究

一 理论模型

职业身份认同的形成机制理论模型如图3-1所示,包括社会认同对职业身份认同、个人认同的直接作用,个人认同对职业身份认同的作用及职业身份认同的构成几个方面。

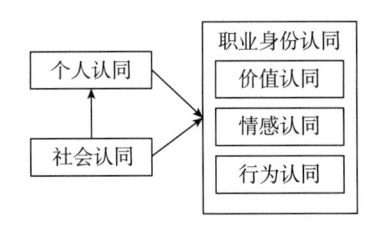

图3-1 职业身份认同的形成机制理论模型

除第二章中关于职业身份认同的维度与测量的文献分析,本书还借鉴了其他相关领域的成果:第一,社会认同理论在研究认同问题时的四个步骤:认知成分(自我分类)是划分维度必须走的第一步,只有某一个体将自己划归入某一群体成员,才有可能产生其他三个维度的划分,所以这一步是基础;然后个人将情感因素融入所属的群体;之后其积极或消极、强烈或微弱地评价所属群体,并受到他人(群内或群外成员)的影响;最后他将通过相关行为维护群体；第二，陈致中等关于组织文化认同的维度划分，包括认知、情感、行为、社会化四个层面[1]；第三，Fryer 和 Jackson 关于社会认知的研究中提出的四维度认知，即认知维度、情感维度、评价维度、行为维度[2]。由此，本研究认为将职业身份认同分为三个维度：价值认同（value identity）、情感认同（affective identity）、行为认同（action identity）。

价值认同指员工对于职业身份的意义、作用等价值的评价认知；情感认同指员工附着在职业身份上的情感体验，包括归属感和自尊感；行为认同指员工对职业身份相应行为的行为倾向性。

二 研究假设

在本研究中，社会认同指员工感知到的其社交圈子成员，包括领导、同事、家人、朋友等对其职业身份的认同。根据角色认同理论，角色定位来自外界对角色的期望。东西方文化背景下，自我的概念存在差异，西方人强调独立的自我（independent self），而东方人如中国人强调互依的自我（dependent self），即中国人在考虑自我概念时，均是将自我放置在特定的自然和社会环境中的，将自我设定为某一整体的一部分。[3] 明确的职业身份认同包括我们如何定义与他人的关系，以及我们如何看待他人如何定义我们[4]，而后者指的就是社会认同。例如，如果某人的职业比个人爱好更显著，如某人是秘书、保险销售员、医生，而不是美食爱好者、集邮爱好者、园艺师。这种情况下个人的职业身份就与社会认同密切相关，个人将首先被确认为社会公认的职业身份。同样，该职业身份认同将引导和约束我们的行为向职业社会规范的方向发展。如果某人放弃某一职业身份，其社交圈子成员

---

[1] 陈致中、张德：《中国背景下的组织文化认同度模型建构》，《科学学与科学技术管理》2009 年第 12 期。

[2] Fryer R G, Jackson M O, "Categorical cognition: A psychological model of categories and identification in decision making", *Nber Working Papers*, June 2003, pp. 29–34.

[3] Markus H R, Kitayama S, "Culture and the self: Implications for cognition, emotion, and motivation", *Psychological Review*, Vol. 98, No. 2, April 1991, pp. 224–253.

[4] Callero P L, "Role – Identity Salience", *Social Psychology Quarterly*, Vol. 48, No. 3, 1985, p. 210.

的反应将强于其放弃某一爱好或次要职业身份。由此可以假定，员工感知到的社交圈子对员工的职业身份的认同状况会影响员工最终的职业身份认同。由此提出如下假设：

假设1：社会认同正向影响职业身份认同

本研究中的个人认同指从个人内心真实想法出发标定或命名自己为某一社会类别（即某一职业身份）以及承诺的过程。个人认同使个体能从与其他个体相区别的独特性来感知自己。根据参照群体理论（Theory of Reference Group），个人的态度和行为受到其所从属的或所追求的群体的参照力所影响。由于领导、同事、家人、朋友等社会群体是员工从心理上列入其工作或生活范畴，并在态度与规范上比较容易接受其影响的群体，故本研究将以上对象列为社会认同的影响源。根据参照群体理论，参照群体会对个人起到规范和比较评价作用。规范作用指参照群体确立的某种标准会迫使个人顺从，比较评价作用指个体会以此规范作为标准和出发点评价自己和他人。同时根据过程角色理论，角色期望来自个人及周边环境的互动，上述假设同样成立。由此提出如下假设：

假设2：社会认同正向影响个人认同

根据角色认同理论，角色认同主要来源于两个途径：相关的自我概念和社会关系的反馈。[①] 由于职业身份认同首先是由个人的兴趣爱好、个性特征、知识等内在因素形成的对职业身份的认知，所以假设职业身份认同的首要影响因素来自个体认同。根据社会认知理论（Social Cognition Theory），个人会观察周边并进行学习，个人认知受到环境因素和个人认知能力的影响。由此提出如下假设：

假设3：个人认同正向影响职业身份认同

[①] Riley A, Burke P J, "Identities and self-verification in the small group", *Social Psychology Quterly*, Vol. 58, No. 2, June 1995, p. 73.

第二节 职业身份认同对主动性
行为的直接作用研究

一 理论模型

职业身份认同对主动性行为的直接作用理论模型包括：职业身份认同及其各维度对主动性行为意愿、主动性行为的作用，角色宽度自我效能感对主动性行为意愿、主动性行为的作用及主动性行为意愿对主动性行为的作用几个方面，为了强调研究职业身份认同在模型中的作用，此处的角色宽度自我效能感作为控制变量。如图3-2所示。

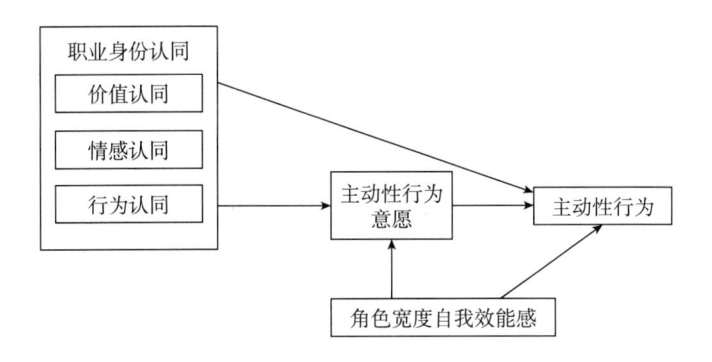

图3-2 职业身份认同对主动性行为的直接作用模型

二 研究假设

根据第二章中关于职业身份认同与主动性行为意愿关系的研究成果，当个人认为主动性行为是职业行为中安全的、值得的，或是应该的和理所当然的时，个体会有高度的主动性行为意愿，并在其他情景因素的激发下做出主动性行为。Ibarra的研究也发现，具备较强的职场角色模型观察能力的员工更能够快速识别潜在身份，并快速建立起用以适应职业角色的缄默性知识、规则、态度。[①] Henrietta 将认同与自愿行为结合起来研究，发现自愿者的角色认同通常被理解为对自愿行为的承诺。[②] 由此提出如下假设：

假设 4：职业身份认同正向影响主动性行为意愿

汪纯孝等在对游客的行为意向研究中发现，消费价值对顾客行为意向有直接正向影响[③]；农户对绿色农业的环境和经济价值认同及危害认知对其从事绿色农业的意愿起显著作用[④]；本研究认为，价值认同是员工对职业身份的认知与评价，包括职业身份给自己带来的利益和好处，以及职业身份对自己的意义，如果员工认同该职业身份的价值，则主动工作的意愿会增强。由此提出如下假设：

假设 4.1：价值认同正向影响主动性行为意愿

情感认同是员工附着在职业身份上的情感体验，包括归属感和自尊感。Rhoades 等通过对 1124 名零售员工和 262 名家禽和饲料加工工人的研究发现，情感认同在组织支持感对员工自愿离职行为之间起到中介作用，即情感认同程度越高，则员工的离职意愿越低[⑤]；Kim 等对全服务餐厅顾客的研究发现，情感认同增强了顾客的重复购买意愿[⑥]。本研究认为，情感认同使员工对某一职业身份产生亲切、自豪的情绪体验，能自觉地将自己的行为与职业身份行为相匹配，并愿意

[①] Ibarra H, "Provisional selves: Experimenting with image and identity in professional adaptation", *Administrative Science Quarterly*, Vol. 44, No. 4, December 1999, pp. 764 – 791.

[②] Henrietta, Grönlund, "Identity and volunteering intertwined: Reflections on the values of young adults", *Voluntas International Journal of Voluntary&Nonprofit Organizations*, Vol. 1, No. 1, January 2011, p. 870.

[③] 汪纯孝、温碧燕、姜彩芬：《服务质量、消费价值、旅客满意感与行为意向》，《南开管理评论》2001 年第 6 期。

[④] 潘世磊、严立冬、屈志光等：《绿色农业发展中的农户意愿及其行为影响因素研究——基于浙江丽水市农户调查数据的实证》，《江西财经大学学报》2018 年第 2 期。

[⑤] Rhoades L, Eisenberger R, Armeli S, "Affective commitment to the organization: The contribution of perceived organizational support", *Journal of Applied Psychology*, Vol. 86, No. 5, November 2001, p. 835.

[⑥] Kim W, Ok C, "The effects of relational benefits on customers' perception of favorable inequity, affective commitment, and repurchase intention in full – service restaurants", *Journal of Hospitality & Tourism Research*, Vol. 33, No. 2, April 2009, pp. 227 – 244.

主动工作以提高职业身份价值。由此提出如下假设：

假设 4.2：情感认同正向影响主动性行为意愿

根据计划行为理论，个人对某项行为的态度正向影响他对该行为的行为意愿。在本研究中，行为认同是员工对职业身份相应行为的行为倾向性，该倾向性代表了员工对相应行为的态度。因而该行为认同影响主动性行为意愿。由此提出如下假设：

假设 4.3：行为认同正向影响主动性行为意愿

根据前述角色认同理论（含角色理论、认同理论），角色期望影响角色行为，个体的角色认知影响角色行为，以及角色行为受制于角色认同。认知行为理论也认为，个体认知影响个体行为。激励理论同样认为，动机是行为产生的直接原因。Kelley、Thibaut 认为角色和行动之间存在内在联系。[①] Ashford 和 Barton 提出的自我一致（affirm their sense of self）概念，认为自我认知与相应行为是相关的。[②] Hogg 等也认为作出与身份相一致的行为可以使自己的身份得到确认。[③] 主动性行为不同于一般的工作行为，强调的是员工的自发性，依据员工认知的不同，会将其归入自己的工作职责之内或之外，所以员工对职业身份认同是影响主动性行为的一个重要因素。同时根据上述关于职业身份认同与主动性行为的关系的研究，提出如下假设：

假设 5：职业身份认同正向影响主动性行为

根据 Fazio 态度行为理论，态度是影响最终行为的重要变量，而职业身份认同正是员工对于自己的职业身份的态度认识。Kristiansen 和 Hotte 提出的"价值观—态度—行为"理论模型认为，个体行为受

[①] Kelley H H, Thibaut J W, *Interpersonal relations: A theory of interdependence*, John Wiley & Sons, 1978, p. 10.

[②] Ashford S J, Barton M A, "Identity - based issue selling", *Identity and the Modern Organization*, 2007, p. 223.

[③] Hogg M A, Terry D J, White K M, "A tale of two theories: A critical comparison of identity theory with social identity theory", *Social Psychology Quarterly*, Vol. 58, No. 4, December 1995, pp. 255 - 269.

其对情景或事件态度的影响，而态度又受其所持有的价值观的影响。[①] 马贵梅等的研究也发现员工—组织价值观匹配对员工建言行为具有积极影响[②]，由此可见，职业身份价值认同会促进员工主动性行为。由此提出如下假设：

假设 5.1：价值认同正向影响主动性行为

Dick 在对社会认同维度的研究中发现，某人的情感维度越强，则越能够积极评价所属群体并且作出更多有利于组织的行为。[③] Shore L M 认为情感认同是组织公民行为的重要影响因素[④]；刘远的研究也发现，员工感知的企业社会责任通过影响情感认同，进而正向影响员工的组织公民行为[⑤]；Casimir 等从社会交换理论的视角研究提出，情感认同调节领导—成员交换与角色内行为之间的关系。[⑥] 本研究认为，情感认同是个人最真实而内在的对职业身份的认同，是驱动员工产生主动性行为最稳定而坚固的动力。由此提出如下假设：

假设 5.2：情感认同正向影响主动性行为

行为认同是员工对职业身份相应行为的行为倾向性，员工认同职业身份相应的行为，就会促进其产生相应行为，而主动性行为也包括其中。由此提出如下假设：

---

① Kristiansen C M, Hotte A M, "Morality and the self: Implications for the when and how of value – attitude – behavior relations", paper delivered to The psychology of values: The Ontario symposium, Erlbaum Hillsdale, NJ, 1996.

② 马贵梅、樊耘、于维娜等：《员工—组织价值观匹配影响建言行为的机制》，《管理评论》2015 年第 4 期。

③ Dick R V, "My job is my castle: Identification in organizational contexts", *International Review of Industrial and Organizational Psychology*, 2004. p. 4.

④ Shore L M, Wayne S J, "Commitment and employee behavior: Comparison of affective commitment and continuance commitment with perceived organizational support", *Journal of Applied Psychology*, Vol. 78, No. 5, November 1993, pp. 774 – 780.

⑤ 刘远、周祖城：《员工感知的企业社会责任、情感承诺与组织公民行为的关系——承诺型人力资源实践的跨层调节作用》，《管理评论》2015 年第 10 期。

⑥ Casimir G, Ng Y N K, Wang K Y, et al, "The relationships amongst leader – member exchange, perceived organizational support, affective commitment, and in – role performance a social – exchange perspective", *Leadership & Organization Development Journal*, Vol. 35, No. 35, June 2014, pp. 366 – 385.

假设 5.3：行为认同正向影响主动性行为

角色宽度自我效能感高的员工能够感知到对任务更好的控制性和完成任务的更高的可能性。在社会认知理论中，也高度强调了自我效能感对个人行为的重要作用，班杜拉认为，个人通过自我效能感来启动、规范及维持自己的活动（何况在本研究中，角色宽度自我效能感是比自我效能感更为宽泛的工作信心）。黄勇等的研究发现，角色宽度自我效能感能够促进员工的负责行为[①]；同时根据综述中关于角色宽度自我效能感与主动性行为的关系的前人研究，提出如下假设：

假设 6：角色宽度自我效能感正向影响主动性行为意愿

假设 7：角色宽度自我效能感正向影响主动性行为

第三节　组织氛围的调节效应研究

一　理论模型

组织氛围的调节效应理论模型如图 3-3 所示。包括主动性行为意愿对主动性行为的直接作用，组织氛围三个特定维度对该直接作用的调节两个方面。

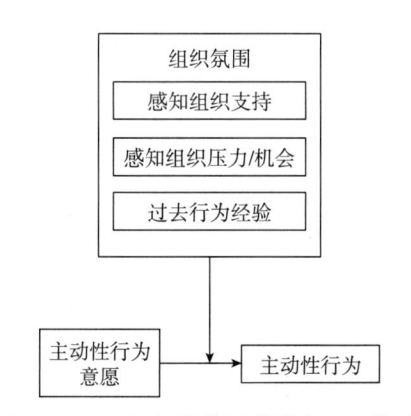

图 3-3　组织氛围的调节效应理论模型

---

① 黄勇、彭纪生：《组织内信任对员工负责行为的影响——角色宽度自我效能感的中介作用》，《软科学》2015 年第 1 期。

二 研究假设

主动性行为意愿指在一定情景下个体进行主动性行为的愿望的强度，是一种态度。根据计划行为理论，行为意愿是行为的重要预测变量。潘世磊等关于农户从事绿色农业的意愿与行为的关系研究中也发现，意愿与行为存在相关关系。[1] 由此提出如下假设：

假设8：主动性行为意愿正向影响主动性行为

在计划行为理论中，行为意愿是实际行为的重要且唯一预测变量。但在管理实践中，也有相当的研究认为，行为意愿与实际行为会发生悖离，如：公众参加社会捐助活动的意愿与行为[2]、城市居民生活垃圾分类意愿与行为[3]、公众参与转基因食品安全管理的意愿与行为[4]、二孩生育意愿与实际生育行为[5]等问题。在态度与行为关系的研究中，除了认为态度直接与行为相关外，也存在二者之间有中介、调节变量，以及态度的不同构成会对行为产生不同作用的问题[6]，比如态度—意图—行为模型[7]、环境或心理变量，如人格、社会准则、自我效能感、习惯、重要他人态度、习惯等都可能与态度一起影响行为。[8][9] 由此可见，在行为意愿与实际行为之间还存在其他作用机制。

---

[1] 潘世磊、严立冬、屈志光等：《绿色农业发展中的农户意愿及其行为影响因素研究——基于浙江丽水市农户调查数据的实证》，《江西财经大学学报》2018年第2期。

[2] 刘能：《中国都市地区普通公众参加社会捐助活动的意愿和行为取向分析》，《社会学研究》2004年第2期。

[3] 陈绍军、李如春、马永斌：《意愿与行为的悖离：城市居民生活垃圾分类机制研究》，《中国人口·资源与环境》2015年第9期。

[4] 何吉多：《公众参与转基因食品安全管理的意愿和行为及影响因素研究》，硕士学位论文，华中农业大学，2009年。

[5] 石智雷、杨云彦：《符合"单独二孩"政策家庭的生育意愿与生育行为》，《人口研究》2014年第5期。

[6] 张红涛、王二平：《态度与行为关系研究现状及发展趋势》，《心理科学进展》2007年第1期。

[7] Malle B F, "Intentions and intentionality: Foundations of social cognition", *Journal of Consciousness Studies*, Vol. 5, No. 12, January 2001, pp. 1 - 24.

[8] Ajzen I, "Nature and operation of attitudes", *Annual Review of Psychology*, Vol. 52, No. 1, February 2001, pp. 27 - 58.

[9] Olson J M, Zanna M P, "attitudes and Attitude change", *Annual Review of Psychology*, Vol. 62, No. 1, January 1993, pp. 609 - 647.

Ajzen 和 Fishbein 的研究发现，组织氛围影响个人的行为意愿。[1] 王士红等研究发现感知创新氛围（友好关系、公平氛围）对员工创新行为有影响[2]；朱一文等研究认为支持性组织氛围对员工建言行为有影响[3]；刘金培等则认为组织氛围影响知识型员工的敬业度[4]；杨晶照的研究也指出，组织信任对员工创新行为有显著的促进作用，与创新相关的心理过程在其中起到显著的中介作用，如：当组织鼓励创新、重视员工个性特征时，会加强组织信任对员工创新的关系。[5] 由此提出如下假设：

假设9：组织氛围正向调节主动性行为意愿对主动性行为的影响，即组织氛围越强，则主动性行为意愿对主动性行为的正向影响越强

在本研究中，将组织氛围分为感知组织支持、感知组织压力与机会、过去行为经验三部分。本研究认为：员工如果感知到自己所处的组织氛围为组织期望员工主动性行为，或对于主动性行为组织给予了员工压力或机会，或根据自己的过期行为经验，主动性行为是值得作出的行为，那么员工便会将主动性行为意愿转变为实际的主动性行为。

根据组织支持理论，组织的支持能够满足员工的社会性情感需求，如果员工感受到组织重视其贡献和价值，愿意且能够对他们的工作努力作出回报，那么员工就会为组织的利益付出更多的努力。特别是在员工已经具备了主动性行为意愿的前提下，如果员工感知到组织支持主动性行为，那么他们便会产生一种积极的情绪体验，并进一步促使其产生主动性行为。顾远东等的研究发现，组织支持感对研发人

---

[1] Ajzen, I. and Fishbein, M, *Understanding Attitudes and Predicting Social Behavior*, Englewoods Cliffs, Nj: Prentice – Hall, 1980. p. 130.

[2] 王士红、徐彪、彭纪生：《组织氛围感知对员工创新行为的影响——基于知识共享意愿的中介效应》，《科研管理》2013年第5期。

[3] 朱一文、王安民：《组织结构、支持性组织氛围对员工建言行为的影响》，《中国人力资源开发》2013年第15期。

[4] 刘金培、朱磊、倪清：《组织氛围如何影响知识型员工敬业度：基于工作倦怠的中介效应研究》，《心理与行为研究》2018年第3期。

[5] 杨晶照：《员工创新行为的激发：组织因素与个体因素的互动》，中国社会科学出版社2012年版，第102页。

员的创新行为有显著正向影响。① 田喜洲等研究认为，组织支持感对员工行为有直接或间接作用。② 感知组织支持对员工—组织价值观匹配与建言行为起调节作用。③ 由此提出如下假设：

假设9.1：感知组织支持正向调节主动性行为意愿对主动性行为的影响，即感知组织支持越强，则主动性行为意愿对主动性行为的正向影响越强

激励理论认为，工作压力/机会对工作效率有积极影响，工作压力/机会是使个人集中注意力、提高忍受力，增强活力从而产生更好绩效的催化剂和推动力。如果员工感受到只要自己主动行为，组织给予自己满足某方面需求（如晋升、加薪等）的机会就较大，那么他就会主动行为。在综述中，Randall、葛青华等、Wheele、翁清雄、席酉民、龙静等、杨俊的研究均认为感知组织压力/机会会促进员工的各种主动性行为。由此提出如下假设：

假设9.2：感知组织压力/机会正向调节主动性行为意愿对主动性行为的影响，即感知组织压力/机会越强，则主动性行为意愿对主动性行为的正向影响越强

根据行为面试法，过去行为是对未来行为意向及行为的最好预测变量。在本研究中，当员工有了主动性行为意愿之后，随着过去行为经验的提升，会增强员工对主动性行为的信心，从而促进其产生主动性行为。在综述中，Bagozzi、Conner、Sonmez、Harris、姚凯的研究也证实了过去行为经验会影响或促进员工的各种主动性行为的观点。由此提出如下假设：

假设9.3：过去行为经验认知正向调节主动性行为意愿对主动性行为的影响，即过去行为经验认知越强，则主动性行为意愿对主动性

---

① 顾远东、周文莉、彭纪生：《组织支持感对研发人员创新行为的影响机制研究》，《管理科学》2014年第1期。
② 田喜洲、谢晋宇：《组织支持感对员工工作行为的影响：心理资本中介作用的实证研究》，《南开管理评论》2010年第1期。
③ 马贵梅、樊耘、于维娜等：《员工—组织价值观匹配影响建言行为的机制》，《管理评论》2015年第4期。

行为的正向影响越强

第四节 从职业身份认同到主动性行为的总体作用模型

将以上分模型进行综合，得到本书的总体作用模型，如图 3-4 所示。

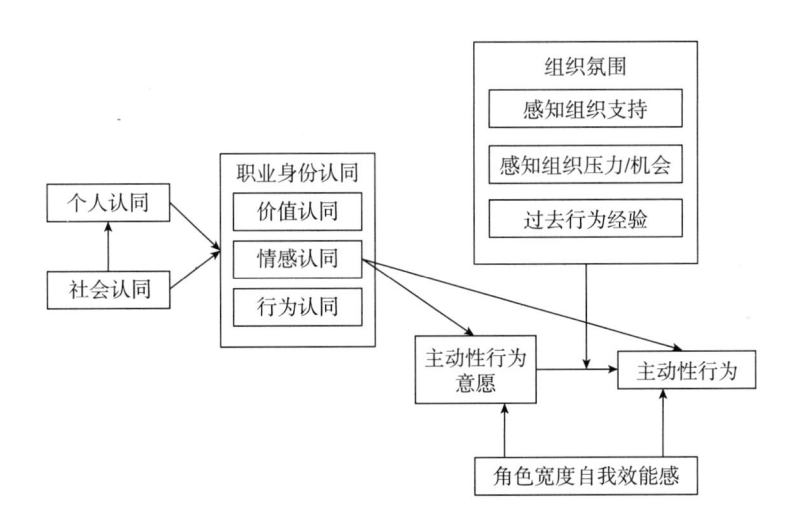

图 3-4 本书总体作用模型

以上模型中，用职业身份认同代表"想做"这一概念，用角色宽度自我效能感代表"能做"这一概念，并作为控制变量，用主动性行为意愿代表"愿意做"这一概念，用组织氛围代表"要做"这一概念，在其共同作用下，最终产生主动性行为（即"会做"），而本书重点研究的是"想做"对"会做"的影响。

第四章 实证研究设计

第一节 摸底调研

一 摸底调研内容

为了摸清不同企业中员工主动性行为的现状和影响因素、员工职业身份认同现状及影响因素，以及个人职业身份认同变化对主动性行为的影响等问题，了解主动性行为的变化及原因，管理干预在改变员工主动性工作行为中的作用，验证本研究所提出假设的合理性，进一步完善理论模型，并为后续研究指明方向和重点，本研究采用半结构化访谈方式对不同企业进行了摸底调研。在摸底调研之前，邀请本研究领域的专家（1名博士生导师、1名副教授、2名企业人力资源高管、1名企业专职人力资源从业人员、1名心理学硕士、3名人力资源管理专业博士）对本研究的摸底调研大纲进行了审查，发现了其中定义模糊或冗长、晦涩的内容，合并了部分题项，对版面进行了客户端优化，使摸底调研内容有利于调研参与者的统一理解，从而避免偏差、提高调研信度，增加摸底调研的有效反馈率。优化后的正式摸底调研大纲见本书附录1，采用半结构化访谈方式进行，并利用关键行为事件法的思想进行内容设计。调研内容及目的见表4-1。

表4-1　　　　　　　　　摸底调研主要内容及调研目的

题项	内容	调研目的
1	您认为员工主动工作是否是现代企业管理中的重要问题？是否是管理难题？	主动性行为的重要性、主动性行为管理的难度
2	您所在企业，什么工作需要发挥员工的主动性？（可列举典型事件）	探索企业的典型主动性行为需求
3	您所在企业，员工做什么事情比较主动？为什么？（可列举典型事件）	探索员工的典型主动性行为及原因
4	您所在企业，员工主动性强的表现形式是什么？（如：主动加班、建言……）	主动性行为的外部表现
5	请描述一位您认为工作比较主动的员工，他是如何主动工作的？他的主动是企业要求还是自己的意愿？	主动性行为的程度和层次（主动型或被动型主动）
6	您所在的企业，工作主动性强的员工具有什么特征？	找到除主动型人格以外影响主动性的个人因素
7	您对目前的职业身份的个人认同如何？	员工对职业身份的个人认同现状
8	您周围的领导、同事、朋友、家人， （1）对您目前的职业身份的认同如何？（若以上人员的意见有分歧，请详细说明） （2）对您的职业身份的看法会否影响您的个人职业认同？	员工的职业身份的社会认同现状 社会认同会否影响个人认同
9	个人认同和社会认同中，会影响您最终的职业身份认同的是？（多选）个人认同□　社会认同□	个人认同、社会认同对最终职业身份认同的影响
10	您的工作经历中，是否有职业身份的变化？若有，请举例说明您的职业身份的变化如何影响了您的主动性行为？	员工职业身份变化情况及其对主动性行为的影响
11	您的主动性工作行为的变化主要是由您对该职业身份的认同引起的吗？若不是，那么其他原因是什么？	探讨除职业身份认同之外的影响主动性行为的因素

续表

题项	内容	调研目的
12	如果您遇到下列职业身份变化，您觉得哪种变化会影响您的主动性工作行为（请按影响力由强到弱的顺序排列）_____ A. 职位调整。从个人认同高的职位调整到个人认同低的职位（如有可能，请举例） B. 职位调整。从个人认同低的职位调整到个人认同高的职位（如有可能，请举例） C. 职位调整。从社会认同高的职位调整到社会认同低的职位（如有可能，请举例） D. 职位调整。从社会认同低的职位调整到社会认同高的职位（如有可能，请举例） E. 从临时雇佣转变为正式雇佣 F. 其他_____	个人纵向研究 职位调整的几种情况对主动性行为的影响
13	以下职业身份认同情况中，对哪一种职业身份对应的工作您会更主动？_____ A. 职业身份的个人认同高，社会认同低 B. 职业身份的个人认同低，社会认同高	对问题12的补充 个人认同与社会认同的影响力
14	如果某职业身份的社会认同和个人认同都高，但是您认为您的工作能力不能很好地完成相应工作，那么您还愿意主动去完成这些工作吗？请给出原因	角色宽度自我效能感的作用
15	如果您对自己的职业身份非常认同，而且您对自己的工作能力非常自信，那么您想主动完成该职业身份相应的工作吗？您会主动去做吗？如果不会，那么是什么因素影响了您的决定？（最好举例）	主动性行为意愿的作用 从主动性行为意愿到实际行为的影响因素

续表

题项	内容	调研目的
16	假设您非常愿意主动工作，那么请将以下因素中您认为会最终决定您主动工作的因素进行排序（按由强到弱）_____ A. 企业鼓励　B. 上级期望　C. 同事评价　D. 工作氛围　E. 工作压力　F. 个人能力评估　G. 家庭期望　H. 家庭压力　I. 朋友期望　J. 过去行为经验（即观察他人或自己经历过的主动性行为带来的结果）　K. 其他_____	细化组织氛围内容

资料来源：笔者自行整理。

二　摸底调研过程

本次预调研历时1个月，调研对象涉及28家企业，相关调研样本企业信息见本书附录2。通过面对面访谈、电话访谈、网络访谈（微信、QQ、电邮）等方式，参照摸底调研大纲（见附录1）中的内容，对以上调研对象进行了调查。调研包括探索性访谈和验证性访谈两部分。探索性访谈的目的在于探索主动性行为在哪类企业中的哪些员工身上最为显著、典型的主动性行为是什么，以及个人认同、社会认同、职业身份认同现状。验证性访谈的目的在于验证本研究提出的理论假设在调研的样本中是否成立。其中面对面访谈10人次、电话访谈20人次、网络访谈60人次，访谈中采用了半结构化方式，引导访谈对象进行了开放式问题回答，对提纲中相关问题进行了调查，并尽可能衍生和发现新的现象和问题，以及企业实践中的新思路和方法。

在访谈中，还邀请被访谈者帮忙进行进一步调研，发现其所在企业中其他员工的主动性行为与职业身份认同现状和问题。

为了探讨不同企业类型、不同类型员工主动性行为与职业身份认同差异，调研过程作了如下安排：

（1）国有企业由于企业规模大、岗位数量多、人员构成复杂，因而在调研时对同一企业尽可能多选择不同调研对象进行调研，以求发现其内部差异。

（2）私营企业由于分类多、企业规模小，所以在保证样本覆盖面的基础上，针对每个企业采用选取典型代表性对象调研的方式进行预调研。如选择企业负责人或其认为工作主动性强/弱或职业身份认同感高/低的员工。

（3）为了提高调研效果，调研中采用了关键事件法、行为事件访谈法、专家意见法等方法，并采用扎根理论的思想进行了调研内容总结。

三 摸底调研结果分析

（1）摸底调研结果描述性统计

本次预调研涉及企业28家，调查对象36人（详见附录2）。摸底调研企业产业及行业分布如表4-2所示，其中私营企业24家，国有企业3家，外资企业1家。

表4-2　摸底调研企业产业及行业分布情况

产业及行业	企业数量（家）	占比（%）
第一产业	4	14.29
农林牧渔	4	14.29
第二产业	8	28.57
电力、热力、燃气及水生产及服务业	2	7.14
制造业	6	21.43
第三产业	16	57.14
交通运输	1	3.57
教育	2	7.14
居民服务、修理和其他服务业	3	10.71
批发和零售业	3	10.71
信息传输、软件和信息技术服务业	2	7.14
住宿和餐饮业	2	7.14
租赁和商务服务业	3	10.71
总计	28	100.00

资料来源：笔者自行整理。

摸底调研的人员构成情况为：在职位分布上，高层 20 人、中层 8 人、基层 8 人，分别约占 55%、22.5%、22.5%，其原因在于对私企的调研中选取的高层管理者较多；在性别分布上，男女各占 50%；年龄分布如图 4-1 所示，以 36—45 岁的中年为主，该年龄分布符合当前企业员工年龄分布的大概现状；文化程度上以本科生为主，20 人，占 56%；工作年限分布见图 4-2，也基本符合当前大部分企业中的员工年龄分布状况；考虑到员工任现职级年限可能对调查结果产生影响，本书特地选择了该项指标进行调研，结果为 0—5 年的 22 人，占 61%，6—10 年的 8 人，占 22%，10—15 年的 6 人，占 17%。

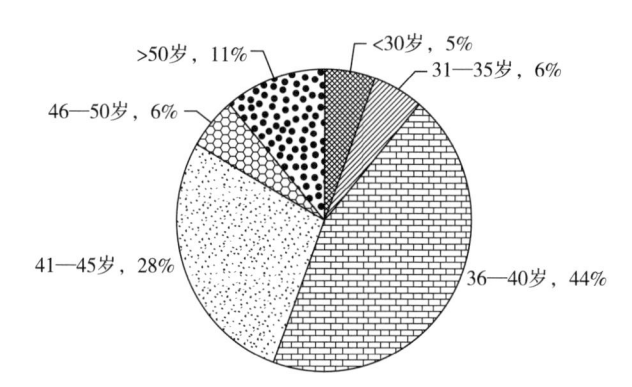

图 4-1 摸底调研对象年龄分布

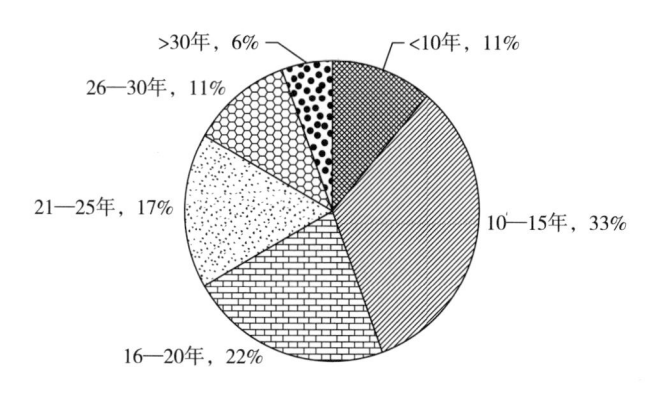

图 4-2 摸底调研对象工作年限分布

（2）摸底调研结果描述

根据摸底调研大纲，整理得出摸底调研结果，如表 4-3 所示。

表 4-3　　　　　　　　　摸底调研结果描述

调研目的	定量描述	定性描述（部分典型描述）
1. 主动性行为的重要性、主动性行为管理的难度	32 人（89%）认为重要 34 人（95%）认为难	绝大多数人认为主动性行为对企业重要，且属于管理难题
2. 探索企业的典型主动性行为需求	创新性工作 22 人（61%）；与客户接触的工作 20 人（56%）；日常核心业务工作 20 人（56%）；提升工作质量 10 人（28%）；战略性工作 12 人（33%）	"管理工作、协调工作及创新性工作等难于量化的工作需要发挥员工的主动性。""与客户直接接触的工作需要发挥员工的主动性。如客户接待与服务销售。""我所在企业从基层操作性工作到职能部门以及各级管理层管理性工作均需要发挥员工的主动性。""工作质量提升、效率和方法、工具改进等""复杂、有挑战性、目标不明确的工作需要发挥员工主动性。"……
3. 探索员工的典型主动性行为及原因	职责内工作 14 人（39%）；与自身利益相关的工作 24 人（67%）；对结果独立负责的工作 22 人（61%）；个人有兴趣的工作 10 人（28%）	"员工做自己职责范围内的工作比较主动，这与企业的工作氛围、员工自身的素养以及员工对自身职位身份的认同有关。""企业员工对一切日常事务都是主动的。""利益关联比较大的工作。因为利益直观、可兑现。""一个领导关注度高且难度不大的事情。""不太烧脑的工作，如文体活动，简单、效果可见。"……
4. 主动性行为的外部表现	工作积极（主动加班、主动提建议、主动学习、不断尝试、有担当不推诿）32 人（89%）；心态良好（不计较个人得失、不图享受、自行调整及执	"遇到问题会主动想办法解决，尝试多种途径均无法处理后才向上级领导汇报。""对自己承担的工作任务，除无法改变的客观原因外，不计较加班与否及短期得失均能在规定的时间内完成。""对领导交办事情能及时准确完成，而且特别注重细节。"

续表

调研目的	定量描述	定性描述（部分典型描述）
4. 主动性行为的外部表现	行工作）22人（61%）；执行力强（扩大工作范围、提升工作质量、效率高）18人（50%）；善于站在上级立场考虑和分析问题26人（72%）	"主动陪伴老人聊天、主动和领导反映老人生活情况。""对公司存在的问题敢于直言并能提出好的处理意见。""做事有创造力、效率高。""做事有责任心有担当，工作中不挑肥拣瘦，工作不推诿。" "主动加班，并能够针对某些管理问题，提出建议或想法。"
5. 主动性行为的程度和层次（主动型或被动型主动）	主动积极工作（主动增加上班时长、主动向上级汇报、主动策划工作、不需监督、关注自身关联工作、站在上级立场考虑）28人（78%）；心态积极（不抱怨、自我激励、勤于思考）24人（67%）；执行力强（善于协调、注重工作质量）24人（67%）；目标明确（方向及意愿明确）22人（61%）	均为主动型主动 "尽管他所负责的业务繁杂，而且整体工作量也大，除了正常的公司业务外还得配合好客户的工作，但从未听到过他的抱怨。" "尽管在合同签订及结算过程中会遇到很多问题，他都能积极主动与客户沟通解决，在多次、多方式沟通无果的情况下，他会主动向主管领导汇报，并将需要协调事项一一列出以便领导沟通解决。" "在与客户的沟通中表现较为主动，无论客户主管人员如何变换，他都能在短期内与客户形成有效互动，从而提高自己的工作效率。" "对于自己职责范围内的工作，不需要进行督促和提醒，工作有计划有思路，技术和业务学习能力水平强，为了完成工作目标会主动调动各方资源。对于职责范围外的关联工作会密切关注。" "我们公司有一位主管，公司有活动推广时，都能够按照要求做完，但需要提前上班和延时下班。他认为这一切有利于他的成长，并且可以争取到在公司更好的发展机会。"……

续表

调研目的	定量描述	定性描述（部分典型描述）
6. 找到除主动型人格以外影响主动性的个人因素	责任感强（注重协作、不推脱不逃避有担当、认真负责）30 人（83%）；工作能力强（业绩优秀、改善工作方法、效率高、公信度高、沟通能力强、自律）18 人（50%）；吃苦耐劳（踏实努力）12 人（33%）；目标明确（有较强成就动机）10 人（28%）；个人与工作相匹配 10 人（28%）	想做与能做、态度与能力相结合，并与人岗匹配度有关系 "所负责的业务符合自己的职业身份。" "做事有创造力、效率高，做事有责任感有担当，工作中不挑肥拣瘦，工作不推诿。" "个性方面阳光开朗，做事稳重。" "对个人利益看得不重。" "心态良好，三观端正，待人接物有较强的责任感。" "找到能更好、更快完成工作的方法。"……
7. 员工对职业身份的个人认同现状	一般认同 20 人（56%）；比较认同 16 人（44%）	员工对职业身份的个人认同为一般或比较认同，没有不认同的
8. 员工的职业身份的社会认同现状 社会认同会否影响个人认同	一般认同 14 人（39%）；比较认同 20 人（56%） 会影响 16 人（44%）；不会影响 20 人（56%）	员工的职业身份的社会认同情况为一般或比较认同 职业身份的社会认同不太会影响员工个人认同
9. 个人认同、社会认同对最终职业身份认同的影响	个人认同影响大 6 人（17%）；社会认同影响大 30 人（83%）	社会认同比个人认同对职业身份认同的影响要大
10. 员工职业身份变化情况及其对主动性行为的影响	有职业身份变化 24 人（67%），没有职业身份变化 12 人（33%）；职业身份变化影响了主动性行为 24 人（67%），不影响 10 人（28%）	大部分人有职业身份的变化，而这种变化影响了主动性行为。 （大部分选择了"有影响"，但没有作定性描述，以下部分定性描述） "员工—店长—店主—厂长—执行董事—董事长，遇到的问题越来越难，责任越来越大，竞争越来越强……主动学习的欲望变强，自我

续表

调研目的	定量描述	定性描述（部分典型描述）
10. 员工职业身份变化情况及其对主动性行为的影响		要求随之增加。职业身份的变化促使交流的圈子发生变化，需要的知识面更广。在工作和生活当中，对自我的要求从需求转变为创新。" "大学毕业后，进入公司工作，从最初的业务员，到销售总经理，最后自己开公司做老总，虽然职业身份发生了不少变化，但工作的主动性行为没有改变。"
11. 探讨除职业身份认同之外的影响主动性行为的因素	主动性工作行为的变化主要是由职业身份的认同引起的 34 人（94%）	主动性工作行为的变化主要是由职业身份的认同引起的（大部分选择了"是"，但没有作定性描述。以下为选择"不是"的问卷的定性描述） "是对工作的责任心以及对未来的规划和期望决定的。" "个人价值体现以及情绪，兴趣等个人情感因素及周围环境影响。"
12. 个人纵向研究职位调整的几种情况对主动性行为的影响	职位调整。从个人认同高的职位调整到个人认同低的职位 72 分； 职位调整。从个人认同低的职位调整到个人认同高的职位 92 分； 职位调整。从社会认同高的职位调整到社会认同低的职位 82 分； 职位调整。从社会认同低的职位调整到社会认同高的职位 84 分； 从临时雇佣转变为正式雇佣 79 分； 其他 49 分	职位调整和雇佣身份调整会影响员工主动性行为；其中，从个人认同低的职位调整到个人认同高的职位，影响最大；其次是从社会认同低的职位调整到社会认同高的职位；然后是社会认同高的职位调整到社会认同低的职位；再次是从个人认同高的职位调整到个人认同低的职位；最后是雇佣身份的调整。 "从承包商员工变为建设单位员工。工作环境和时间改变，接触范围及层次更广更高，从而影响了自我的工作兴趣，依靠工作兴趣和自我价值取向提高了工作主动性。"

续表

调研目的	定量描述	定性描述（部分典型描述）
13. 对问题12的补充 个人认同与社会认同的影响力	对职业身份的个人认同高，社会认同低的工作更主动28人（78%）；对职业身份的个人认同低，社会认同高的工作更主动8人（22%）	当职业身份的个人认同和社会认同有异时，员工更倾向于对个人认同高的职业作出主动性行为
14. 角色宽度自我效能感的作用	能力不够时是否愿意主动工作：愿意32人（89%）；不愿意4人（11%）	大部分员工不考虑能力问题，只要认同职业身份就会愿意主动行为 "能力和认同并不一定要很匹配，并且如果个人主动工作，就会调动一些可以使用的资源和工具，以弥补自身的某些能力不足，去完成工作。" "工作能力可以通过学习提升，解决问题可以利用外界资源。"……
15. 主动性行为意愿的作用	当职业身份认同与工作能力都没有问题时，对于主动性行为：想做：34人（94%）；会做：32人（89%）	职业身份认同与角色宽度自我效能感是主动性行为意愿的重要且主要影响因素；主动性行为意愿是主动性行为的主要且重要影响因素 "能挑战自我，但是相应的会争取支持资源。"
16. 从主动性行为意愿到实际主动性行为的影响因素	企业鼓励138分；上级期望135分；同事评价117分；工作氛围134分；工作压力104分；个人能力评估140分；家庭期望111分；家庭压力85分；朋友期望64分；过去行为经验（即观察他人或自己经历过的主动性行为带来的结果）118分；其他65分	从主动性行为意愿到实际主动性行为的影响因素按影响力大到小依次为：个人能力评估、企业鼓励、上级期望、工作氛围、过去行为经验、同事评价、家庭期望、工作压力、家庭压力、朋友期望、其他（如自我要求和职业品牌、价值观的体现……）

注：本表格的定量及定性描述仅对本次调研样本负责，斜体部分代表本次调研结果与研究假设的差异。

四 摸底调研总体评价

对摸底调研结果的总体评价如下：

（1）主动性行为是现代企业管理中的重要问题，同时也是管理难题。

（2）员工主动性比较强的工作与企业要求主动性高的工作有差异。员工对于与自身利益相关的工作（如职称晋升、与薪酬挂钩的工作），分工明确、职责清晰的工作（即明确属于自己职责范围内的工作）以及自己感兴趣的工作（如工会活动）比较主动。而企业对于创新创造性工作（如战略规划、客户服务等）的主动性行为要求较高。

（3）员工主动性强的表现形式为：加班、建言、主动汇报工作、主动担责、主动创新创造、主动学习、主动思考、解决问题等。

（4）员工的主动大部分为主动型主动（仅对摸底调研样本负责），即均为自发而非企业强迫。该部分员工往往责任感较强、工作能力强、能够吃苦耐劳、工作目标明确。当职业身份的个人认同较高，且个人认同与职业身份认同高度融合时，员工工作的主动均为主动型主动，而非强迫型（或被动型）主动（根据预调研数据纵向整理得出）。

（5）主动性行为与员工的责任感相关度最高，其次是工作能力、敬业精神。再一次验证了主动性人格与主动性行为不是必然联系的。

（6）被调研对象普遍对自己的职业身份的个人认同高、社会认同高，社会认同对个人认同有影响但不大，调研对象比较坚持自己内心对职业身份的想法，而同时又过多屈从于职业的社会认知，最终决定职业身份认同的主要是社会认同。

（7）职业身份变化影响了员工主动性行为；反之，员工主动性行为的变化也主要由职业身份的变化引起。

（8）职业身份的个人认同、社会认同的变化会影响主动性行为，可见员工对职业身份的内在认知是决定其主动性行为的主要因素。

（9）职业身份的个人认同和社会认同均会影响员工的主动性行为，但员工对个人认同高的职业对应的工作会更主动。

（10）大部分被调查者认为：即使自己的能力不够，对于认同高的工作，仍然愿意主动工作，职位越高的员工，持该观点越明显（根据调研数据纵向整理得出）。主要原因为：被调查者认为能力是可以通过学习得到提高的，或者可以通过资源整合得到弥补的，也反映了能力与主动性行为意愿的弱相关性。

（11）只要员工认同职业身份下的工作，并且工作能力允许，那么大部分均愿意主动去工作，但是从愿意主动工作到采取实际主动性行为之间还要考虑企业管理政策与环境的影响。

五 摸底调研对后续研究工作的启示

根据前述分析，摸底调研结果基本支持本研究提出的理论假设。但由于调研样本的限制（如摸底调研中处于高层的员工居多），也有部分分析结果与假设有异（即表4-3中的斜体部分），为进一步验证本研究提出的理论假设，对预调研提出以下措施：

（1）根据摸底调研结果，职业身份认同与主动性行为在企业类型上未体现明显差异，但为了防止样本偏差对本研究的影响，预调研中应进一步覆盖所有企业类型的员工。

（2）摸底调研结果显示了对于职位高的员工，能力与主动性行为的弱相关性，为了客观验证角色宽度自我效能感的作用，预调研中需调整和补充职位高低的调研对象，使其分布合理，并进一步进行假设验证。

（3）根据摸底调研结果，性别、年龄、文化程度、工作年限、任现职级年限未明显反映出对职业身份认同及主动性行为的影响，但为了防止样本偏差对本研究的影响，预调研中应进一步覆盖以上变量的所有类型的员工。

（4）摸底调研的调研对象对自身职业身份均为认同或比较认同，为了防止样本偏差对本研究的影响，预调研中应补充对职业身份不认同的调研样本。

（5）摸底调研的调研对象的主动性行为均为主动型主动，为了防止样本偏差对本研究的影响，正式调研中应补充被动型主动样本。

第二节　样本选择

一　企业选择

根据前述摸底调研分析及总结，本研究选择了如下企业进行调研：第一，MBA学生所在企业，范围覆盖国有企业、集体企业、私营企业、外资企业，行业覆盖第一、二、三产业的所有行业；第二，某高管培训项目的学员及所在企业。该培训项目高管主要来自西南地区，包括四川、重庆、广西、西藏、贵州和云南，以私营企业为主，范围覆盖工业、建筑业、交通运输业、商业、饮食业、服务业、修理业和科技咨询等私营企业常见的行业；第三，某大型国有企业，深挖其内部行政管理、技术研发、营销、客户服务、生产部门的不同员工。传统观念认为，国有企业中员工安逸型工作状态典型，角色固化现象严重，特别在垄断型国企中，员工的"温水煮青蛙"效应明显，故调研选取某垄断型国企进行深入调查，以发现职业身份认同与主动性行为在当今典型国企中的具体状况。

二　员工选择

根据摸底调研分析结果及建议，预调研及正式调研样本中注意补充中层、基层员工样本，年龄小于35岁及大于45岁员工样本，文化程度为硕士及以上或本科及以下员工样本，以及工作年限小于10年及大于30年员工样本，任现职级年限小于5年及大于20年的员工样本（以上样本可能存在重复），以便更好发现预调研中涉及较少的员工的职业身份认同与主动性行为情况及有无特殊性。

根据以上建议，第一，选取MBA学生样本作为研究对象，因其基本符合以下条件：大部分均为中层基层年轻员工，年龄小于35岁、工作年限3—10年、任现职级年限0—10年的较多；第二，选取上述某高管培训项目的学员作为研究对象，其特征为：年龄为40—50岁居多、文化程度本科及以下、工作年限20年左右居多、任现职级年限10—20年居多，较好地弥补了摸底调研中样本的不足；第三，在上述典型企业中进行员工样本的全面覆盖，以便据此员工样本进行企业内部部门典型情况研究；第四，从MBA学生、某高管培训项目学员所在企业中补充调研年龄偏大、文化程度偏低、工作年限偏长的年老员工样本；第五，本人相关的社会关系资源，如同事、同学、朋友，最终形成了本研究的员工样本来源。

三 岗位选择

因为员工的具体职业行为与其工作岗位内容有密切关系，为了探究具备普适性的员工主动性行为，本研究在预调研结果分析及建议基础上，选取调研岗位时进行了如下考虑：第一，选择对所有岗位都适用的主动性行为进行度量，如主动应对工作中的问题、主动克服困难等；第二，选取企业中主动性行为需求较强的岗位进行研究，如科研岗位、战略规划岗位（含创业者或主要经营管理者）、营销及客服岗位等。

第三节 调研问卷的设计

本研究采用调查问卷的方式获取数据，该方法被认为是管理学研究中最经典和有效的数据获取方法。在进行问卷调研之前，需要开发相应量表，并验证量表的信度和效度。量表开发的步骤见图4-3：

构念说明 → 产生测量题目 → 内容效度的评价 → 信度检验 → 结构效度的检验

图4-3 量表开发的一般步骤

构念说明中，首先，清晰地定义构念的性质，明确解释目标构念与其他相似/相近构念的差异；其次，清楚地确认理论构念的层次，如本研究中的相关构念均属于个人层次，在测量中，就要使用含义为"我认为……"的题项，数据来源是个体员工；最后，需要确认构念所应包含的内部成分，如职业身份认同的三个维度、组织氛围的三个维度。最后，基于前期文献综述中的与目标构念密切相关的前因变量与后果变量，明确各内部成分（维度）的概念内涵。

产生测量题目。本研究采用以"从上而下"为主的演绎型量表开发模式，在对相关文献进行详细了解的基础上，建立目标构念的理论边界，参考国际、国内期刊上相似或相同构念的经典成熟量表，并结合论文中的具体含义发展出与之相匹配的测量初始题目。同时结合"自下而上"的归纳型量表开发的优点，一方面通过访谈等方法搜集与自己研究问题相关的事件，并结合摸底调研中反馈的情况选取典型事件、典型人物进行深入调研；另一方面基于以往的研究，发展测量题目。该方法既保证了量表的内容效度，也使量表在应用时更贴近研究情境，保证了题目的完备性和互斥性。

为了进一步保证量表的内容效度（Content Validity，内容效度指量表内容在多大程度上反映或代表了研究者所要测量的构念），本研究采用了定性和定量相结合的方法进行内容效度判定。定性方法中，邀请了一组本研究领域的专家（3名博士生导师、2名副教授、3名企业人力资源高管、2名企业专职人力资源从业人员）、3名人力资源管理专业博士对本研究的量表进行了审查，第一，请对方解释其对某一构念的理解，并由笔者向其阐释本研究中该构念的含义，发现是否有差异并进行构念名称纠正，如发现本研究中的"职业身份认同"与"职业认同"概念在某种情况下有重合之意，因而在设计问卷时注重分析是否需要区分这种差别；本书研究之初选用"感知组织氛围"构念，后发现"组织氛围"与其的内涵一致，故选用了"组织氛围"这一构念等；第二，请对方检查每一测量指标的表述是否清晰，是否具有代表性、测量指标是否完全涵盖了所对应构念的理论边界，以及各构念的测量指标的分配比例是否反映了构念中各个成分的重要性等。

一个量表除了要在内容结构上符合概念定义和预期，还要能够稳定地、精确地测量我们感兴趣的构念。为此，我们需要进行信度（Reliability）检验。信度检验分为内部一致性检验（Internal Consistency）和稳定性（Stability）检验两种。内部一致性检验最常用的方法是针对 Likert 式量表开发的 Cronbach's α 系数。[1] 它的主要思路是通过应用多个指标对目标构念进行测量，以方差分析方式，从测量得分中区分出由构念本身造成的共同变异量和由被试个体差异造成的变异量，以此来估计该量表的信度系数。

结构效度（Structure Validity）的检查采用探索性因子分析（Exploratory Factory Analysis，EFA）和验证性因子分析（Confirmatory Factor Analysis，CFA）方法进行。当对量表的内部结构缺乏清楚的理论预期或第一次使用相关测量指标时，由于无法确切判断测量指标能否代表所测量的理论构念，研究者就需要将所有的指标一起测量，并将其得分进行因子分析，再由所得到的因子负荷值来判断构念效度的好坏。如果测量同一维度的各个指标能够聚合在一起，其因子负荷量越大，同时在其他维度上的因子负荷越小，则表示该测验的内部结构越清楚，整体构念效度越高。通过探索性因子分析，发现与测量内容没有关系的指标（如因子负荷非常低），或者不符合研究者预期的指标（如出现负向的因子负荷或最大负荷没有落在所测量的因子上），根据这些信息，研究者可以识别内部结构，决定哪些指标应该被删除，哪些维度应该增加指标等。探索性因子分析适合在测验开发的初期使用。在对测验与构念之间的关系有了清楚的预期后，应该使用验证性因子分析。验证性因子分析对测验中包括的构念数目以及构念与测量指标的关系有非常清楚的预期，是一种更为精确的、带有假设检验性质的统计方法。在检验量表内部结构时，如果我们不是在发展新测验，就应该选择验证性因子分析程序检验测量的结构。[2]

本研究涉及如下正式问卷：个人认同、社会认同、职业身份认同、角色宽度自我效能感、组织氛围、主动性行为意愿、主动性行

---

[1] Cronbach L J, Warrington W G, "Time – limit tests: estimating their reliability and degree of speeding", *Psychometrika*, Vol. 16, No. 2, February 1951, p. 21.

[2] Podsakoff P M, Mackenzie S B, Lee J Y, et al., "Common method biases in behavioral research: A critical review of the literature and recommended remedies", *Applied Psychology*, Vol. 88, No. 5, November 2003, pp. 879 – 903.

为。因为以上问卷中的大部分测试的是员工的认知，为了提高被调研者对问卷内容的理解，以及防止社会称许性问题，提高问卷内容信效度，问卷内容中大部分采用了情景化或案例化选项设计。正式调研问卷的产生方式总结如表4-4所示。

表4-4　　　　　　　　　正式调研问卷的产生方式

编号	名称	产生方式	备注
1	个人认同	自行开发	
2	社会认同	自行开发	
3	职业身份认同	自行开发，包括价值认同、情感认同、行为认同	参考职业认同量表（Meyer，2016）；教师职业认同量表（魏淑华，2009，2013）；组织认同量表（Ashforth，1992）；中国企业职工的组织承诺量表（凌文辁，2000）
4	角色宽度自我效能感	自行开发	参考一般自我效能感量表（Schwarzer 1997；王才康等翻译，2001）
5	组织氛围	自行开发 包括感知组织支持、感知组织压力/机会、过去行为经验	参考组织支持量表（Wayne，1997）
6	主动性行为意愿	自行开发	
7	主动性行为	自行开发	参考主动工作行为量表（Frese，1997）

一　个人认同问卷

本研究中的个人认同指从个人内心真实想法出发标定或命名自己为某种社会类别以及承诺的过程。关于个人认同的问卷，参考了认同理论和自我知觉理论中的相关思想（即当个人不清楚对某件事物的态度时，会从自己对该事物的行为中来反推自己对该行为的态度）。自我知觉理论中从行为反推态度的思想能够推测个人内心最真实的想法，该作法与本研究的切合之处在于：个人认同的内涵决定了此处需要测度的是个人内心最真实的想法，但该想法往往受外界因素（比如社会认同等）影响较大，在摸底调研中也发现，被调查者不能很好地界定自己对职业身份的认同是发自内心还是综合了其他因素后得出的,因此,借用自我知觉理论的思想能够更好地测度个人认同。本研究用自我知觉理论思想进行了自主开发,问卷包括3个题目。

二 社会认同问卷

社会认同指员工感知到的其社交圈子成员,包括领导、同事、家人、朋友等对其职业身份的认同。根据比布·拉坦内(Bibb Latane,1981)的社会影响理论(Social Impact Theory),人们会顺从规范性社会影响,从而产生从众行为。这种影响力的大小受到社会团体对个人的重要性、与个体在时空上的接近程度、该社会团体人数三个方面的影响。[①] 所以在本研究中,选择对员工而言很重要的且与员工比较接近的社会关系,即家人、同事、朋友作为社会认同的影响源,并且考察自己感受到的这一影响源中的大部分人对自己的职业身份的态度。据此思路,本研究设计了包含3个题项的社会认同问卷。

三 职业身份认同问卷

本书对职业身份认同的定位为:个人对职业身份的知觉、参照认知和自我界定的过程,是个人逐步从实践中明确的在职业中的自我概念与定位,并能将这种界定的结果加以运用。职业身份认同是员工对职业身份的积极的认知、体验和行为倾向。本研究将职业身份认同分为三个维度:价值认同、情感认同、行为认同。价值认同指员工对职业身份的认识、理解和评价;情感认同指员工对职业身份的情感体验和情绪反应;行为认同指员工对职业身份所持的行为倾向准备作出的某种反应。职业身份认同三要素中,价值认同是较为活跃且易变的心理成分,是对职业身份的理性认知;情感认同是较为稳定、较难变化的心理成分,是对职业身份的感性认知;行为认同是处于从属地位的心理成分。三个要素相互协调,共同趋于积极或消极认知。

职业身份认同的主体是员工,客体是其职业身份,关键是认同是一个从内到外的、从思想到行动的统一体。职业身份的内涵,一是职

---

① [美]埃略特·阿伦森:《社会心理学:阿伦森眼中的社会性动物》,侯玉波译,机械工业出版社2014年版,第192页。

业，二是职业身份。因而职业身份认同包含了职业认同和职业身份认同两个方面，职业身份认同是个人因对职业以及由此带来的职业身份的认知、情感体验与行为倾向。根据 Meijers 的观点，职业身份认同的最终目的是寻求个人认同和社会接受相平衡的职业角色定位。[1]

职业身份认同问卷参考了 Meyer 等关于职业认同研究中对职业认同的维度划分，该研究中严格区分了职业认同与组织认同，本研究设计问卷时也严格表述为对职业或职业身份的认同，而不是对组织或企业的认同；同时参考了魏淑华（是国内较早进行职业认同研究的学者，其研究成果被广泛引用）关于教师或中小学教师职业认同的结构与量表的研究，该研究将教师职业认同分为职业价值观、角色价值观、职业归属感和职业行为倾向四个维度，研究发现，理论结构中的"职业自尊感"与"角色价值观"在认知上具有某种重复性，都是员工内化的角色认知，且在实际表述与理解中，"职业"与"职业身份"有暗含关系，如"会计师""经理""工程师"既可以是一个职业，也可以是一个职业身份，故本研究将"职业"与"职业身份"的概念进行模糊化处理，设计问卷时根据习惯性表述原则选择表述为"职业"还是"职业身份"，并参考引用了该研究中关于教师职业价值观和角色价值观的部分题项，将其中关于教师职业（身份）的表述更改为更广泛的关于职业（身份）的表述；参考了 Ashforth 关于组织认同的量表题项[2]，选取了部分因子载荷量比较高的题项；以及参考了凌文铨等开发的中国企业职工的组织承诺量表中组织承诺划分的思想[3]，即参考该研究中将组织承诺划分为感情承诺、规范承诺、理想承诺、经济承诺和机会承诺五个方面的作法，在进行职业身份认同三个维度内涵界定时进行使用。

---

[1] Meijers F, "The development of a career identity", *International Journal for the Advancement of Counselling*, Vol. 20, No. 3, September 1998, p. 205.

[2] Ashforth B E, "A partial test of the reformulated model of organizational identification", *Journal of Organizational Behavior*, Vol. 13, No. 2, March 1992, p. 21.

[3] 凌文铨、张治灿、方俐洛：《中国职工组织承诺的结构模型研究》，《管理科学学报》2000 年第 2 期。

同时，考虑到职业身份认同的对象是职业身份，其包含两层含义：对职业的认同及对（职业）身份的认同，故在每个维度的量表题项中，均考虑包含以上两个层次的含义。

在表述内容上，根据角色认同理论，只有凸显出来的角色认同会影响实际行为，员工对其认同的组织会付出更多的角色行为。因而，注重强调调查员工对职业及职业身份在所有身份中的重要性，以及员工对组织的认同情况。

自陈量表是非常好的职业身份认同度量方式[1][2]，故本研究采用这一方式进行。根据职业身份认同的维度的理论构想，对每个维度的内涵与外延进行界定，并进一步细化，按照成分—题项匹配性原则，选择与每一个成分相关的最典型的心理与行为编制题项。每个因子编制7—10个题项，3个因子共28个题项，构成《职业身份认同的量表语义分析专家问卷》，根据13位相关专家的评价及建议，合并了一些语义重复或相近的题项，删除或修改了表述不清或有歧义的题项，经反复论证，最终确定了19个题项组成职业身份认同的初始问卷，采用Likert7点计分法进行测度。

（1）价值认同问卷。价值认同包含两个方面的含义：一是员工对职业的意义、作用的评价认知；二是员工对职业身份的重要程度的评价认知。在本研究中，价值认同拟分三个维度：生存认同、责任认同、发展认同。生存认同是一种被迫性认同，指员工迫于生计而从事该职业；责任认同是员工对职业身份的责任感和忠诚度；发展认同是员工对于职业身份能够给自己带来的发展的认识。由此开发了包含9个题项的价值认同问卷。

（2）情感认同问卷。情感认同包括对职业及（职业）身份的归属感和自尊感。归属感是员工对自己与职业的关系的积极感受和体验，体验到自己与所从事职业荣辱与共的情感体验。自尊感是员工对

---

[1] Santee R T, Jackson S E, "Commitment to self-identification: A sociopsychological approach to personality", *Human Relations*, Vol. 32, No. 2, February 1979, pp. 141–158.

[2] Stryker S, Serpe R T, *Commitment, Identity Salience, and Role Behavior: Theory and Research Example, Personality, roles, and social behavior*, Springer, New York, 1982, p. 199.

自己的职业及身份给自己带来的价值、意义等的体验和感受。由此开发了包含 6 个题项的情感认同问卷。

（3）行为认同问卷。行为认同包含员工对职业行为的被动型行为倾向和主动型行为倾向。被动型行为倾向主要是针对工作职责规定内且在企业强制要求（如与薪酬挂钩的绩效考核）下的职业行为倾向；主动型行为指员工在没有强制要求而主动作出有益于提高职业工作效能的行为倾向。由此开发了包含 4 个题项的行为认同问卷。

四 角色宽度自我效能感问卷

角色宽度自我效能感指员工感知到的有能力执行除规定的技术任务之外更宽泛和更积极的工作任务的信心。角色宽度自我效能感的度量需要强调"宽度"概念，即员工对角色内、外工作的信心评估，因而在进行问卷时，除了参考成熟的自我效能感问卷外，还应加入或强调对角色外行为的信心。

本研究参考了 Schwarzer 编制，并由王才康等翻译并修改验证形成的中文版《一般自我效能感量表》的部分题项[1]，并参考了 Bandura 的观点[2]，加入了突出角色宽度自我效能感概念内涵中强调对更广行为范围与更大积极性工作的信心的题项。形成了包含 5 个题项的角色宽度自我效能感问卷。

五 组织氛围问卷

本研究所指的组织氛围包括感知组织支持、感知组织压力/机会、过去行为经验三个部分。

（1）感知组织支持问卷。根据组织支持理论，组织的支持能够满足员工的社会性情感需求，如果员工感受到组织重视其贡献和价值，愿意且能够对他们的工作努力作出回报，那么员工就会为组织的利益付出更多的努力。因而在开发感知组织支持问卷时，需抓住组织管理中最能够让员工具有以上感受的要素。在量表开发中，部分参考了

---

[1] 王才康、胡中锋、刘勇：《一般自我效能感量表的信度和效度研究》，《应用心理学》2001 年第 1 期。

[2] Bandura A, "Self–efficacy: Toward a unifying theory of behavioral change", *Advances in Behaviour Research & Therapy*, Vol. 1, No. 4, March 1977, pp. 139–161.

Wayne 等开发的《组织支持量表》，但该量表重点测度的是来自上级的支持[①]，本研究进行了修改和扩展。

上级支持感受（Perceived Supervisor Support，简称 PSS）是 POS 产生的重要变量，因为上级作为组织的代理人，承担着将组织的价值观、政策等向员工进行传递的责任，某种程度上，上级对待员工的方式体现着组织支持，因而感知组织支持问卷中应该有上级支持相关题项。

组织制度作为组织意识和价值取向的表征，是组织与成员之间发生接触和进行交换的最直接媒介，因而问卷中应出现体现组织制度的题项。

工作环境是影响工作主动性的重要因素，而工作环境中的同事影响又是最直接的。同事对主动性行为的态度形成了员工工作中对于主动性行为的最直接、最真实的组织氛围感受，因而问卷中应出现体现同事态度的题项。

综上，产生了包含 4 个题项的感知组织支持问卷。

（2）感知组织压力/机会问卷

在本研究中，用感知组织压力代表员工感受到的来自组织的对主动性行为的要求和期望，以及由此带来的紧张感。用感知组织机会代表员工感受到的组织为鼓励员工的主动性行为而给予的激励措施的实际效用，并将二者合并为一个变量。现代企业管理中，绩效考核、薪酬制度、晋升制度等与员工的利益及发展密切相关的信息是员工最为关注的，是员工理解组织期望的风向标，也是组织管理员工最重要的措施来源。组织通过以上方面的管理措施给予员工压力/机会，会促进员工按照组织期望进行活动。因而本研究用体现以上方面的题项度量感知组织压力/机会。综上产生了包含 6 个题项的感知组织压力/机会问卷。

[①] Wayne S J, Shore L M, Liden R C, "Perceived organizational support and leader-member exchange: A social exchange perspective", *The Academy of Management Journal*, Vol. 40, No. 1, 1997, pp. 82–111.

（3）过去行为经验问卷

根据本研究中对过去行为经验的定义及内涵，过去行为经验的测量中应包括针对自己或观察他人的过去主动性行为及相关后果后得出的对主动性行为的评价或看法。同时，该问卷的设计考虑体现促进定向理论中员工对于主动性行为的过去行为经验的促进动机和预防动机两种。具体而言，员工来自过去行为经验中的对于主动性行为的评价或看法应包含能够更好地发展或"获得"及能够避免落后或"失去"两层含义。综上产生了包含2个题项的过去行为经验问卷。

六　主动性行为意愿问卷

主动性行为意愿指在一定情景下个体进行主动性行为的愿望的强度，是一种态度。而态度是一种稳定的心理倾向，是人对客观事物的主观评价及行为倾向。在本研究中，产生了包含2个题项的问卷用以度量主动性行为意愿。

七　主动性行为问卷

主动性行为是员工自发启动、并主动克服困难，以达到某一目标的行为。在本研究中，参考了Frese等开发的主动工作行为量表[①]，该量表共有7个测量项目，是目前被许多学者采用的量表，具有较高的信度。在此基础上，改进了题项表述以便更切合本书对主动性行为的定义，加入了强调"主动克服困难"这一含义的题项，构成了包含8个题项的主动性行为问卷。

八　预调查问卷的形成

为了验证职业身份认同到主动性行为之间的作用机理，排除其他因素对这一作用过程的影响，本研究在设计预调查问卷时加入了如下控制变量信息：性别、年龄、文化程度、工作年限、所在企业类型、所属行业、所在部门性质、职位层次、任现职级年限、主动性人格、

[①] Frese M, Fay D, Hilburger T, et al., "The concept of personal initiative: Operationalization, reliability and validity in two German samples", *Journal of occupational and organizational psychology*, Vol. 70, No. 2, June 1997, p. 157.

角色宽度自我效能感，其中主动性人格测试参考了 Parker 等开发的量表[①]，其信度系数 $a=0.87$。

利用上述量表开发流程对各个量表进行了专家内容效度验证，经反复修改，最终形成了预调查问卷（见附录3）。

第四节　预调查实施及结果分析

一　预调查的实施

为了保证大样本调查的科学性，减少调查误差，以及初步验证前述问卷的信效度，本研究进行了小样本的预调查，并对调查结果进行了数据分析与检验，据此对问卷题项进行了调整。

为了保证预调研质量，提高问卷回收率，在预调研时采用了如下方法：选择 MBA 学生集中上课时段发放问卷，并当场回收；选择公共选修课的学生进行调研，以便使调研对象覆盖尽可能多的年龄、单位、工作年限等；邀请学生认可度比较高的老师进行问卷调研的动员；事先与企业高管进行沟通，在得到其理解与支持后，请其填写问卷并帮忙发放问卷；向笔者比较认可、比较支持本研究的同事、朋友、同学寻求帮助，请其帮助填写及发放问卷。

整个预调研持续一个月时间，根据收集的样本数据及摸底调研提供的参考，不断补充样本数据。

二　预调查样本的描述性统计

预调研在如第四章第二节所述的样本中进行，共发放调查问卷250份，回收有效问卷239份，回收率95.6%。参与问卷调查的男性占比46.4%，女性占比53.6%，样本中小于30岁的占比52.7%，学历水平以本科为主，占到样本的65.7%。在所有调查样本中，来自国有企业的占比最高，为59.8%，其次是来自集体企业的，占20.5%，

[①] Parker S K, Williams H M, Turner N, "Modeling the antecedents of proactive behavior at work", *Journal of applied psychology*, Vol. 91, No. 3, June 2006, p. 649.

来自私营企业的占比 9.6%，最少的是来自外资企业的样本，占 3.4%，该样本覆盖比率较好地代表了当前企业员工的企业来源。具体其他情况如工作年限，职位层次等见表 4-5。

表 4-5　　　　　　　　预调研样本的描述性数据

人口学变量	计数（n=239，人）	百分比（%）
性别		
男	111	46.4
女	128	53.6
年龄		
小于 30 岁	126	52.7
31—35 岁	64	26.8
36—40 岁	15	6.3
41—45 岁	15	6.3
46—50 岁	10	4.2
50 岁以上	9	3.7
学历		
专科	35	14.6
本科	157	65.7
硕士	25	11.3
博士	10	4.2
其他	10	4.2
工作年限		
≤5 年	81	33.9
6—10 年	98	41.0
11—15 年	23	9.6
16—20 年	10	4.2
21—25 年	9	3.8
26—30 年	10	4.2
>30 年	8	3.3
所在企业类型		
国有企业	143	59.8

续表

人口学变量	计数（$n=239$）	百分比（%）
集体企业	49	20.5
私营企业	23	9.6
外资	8	3.4
其他	16	6.7
职位层次		
基层	173	72.4
中层	57	23.8
高层	9	3.8
任现职级年限		
0—5 年	165	69.0
6—10 年	42	17.6
11—15 年	12	5.0
16—20 年	9	3.8
21—25 年	9	3.8
25 年以上	2	0.8

资料来源：根据调研数据整理。

三 预调研量表的信度分析及修正

信度分析用于评估测量量表的可靠性，即量表能够可靠准确地测度相关构念的程度。信度分析中最常用的方法是内部一致性信度，即对同一变量的测量指标间的同质性进行评价，内部一致性系数（即 Cronbach's α 系数，简称 α 系数）是测量 Likert 量表信度的主要指标。其分析步骤如下：首先，采用 α 系数对各研究变量作信度验证，分析 α 系数，如果此值高于 0.8，则说明量表信度高；如果此值在 0.7~0.8，则说明量表信度较好；如果此值在 0.6~0.7，则说明量表信度可接受；如果此值小于 0.6，说明量表信度不佳。一般而言，如果量表内部一致性系数在 0.6 以上，可以考虑保留所有的题项，进行后续的分析（以上标准由学者 Devellis 于 1991 年提出[①]）；其次，进

[①] DeVellis, R. F., *Scale development: Theory and applications*, Sage, Newbury Park, CA, 1991.

行总分相关性验证（Corrected Item Total Correlation，简称 CITC）。一般认为，如果 CITC 值低于 0.3，可考虑将该项进行删除（以上标准由卢纹岱等于 2010 年提出[①]）；最后，如果"项已删除的 α 系数"值明显高于 α 系数，此时可考虑对该项进行删除后重新分析。表 4-6 是预调研中各量表的信度检测结果。

表 4-6 预调研量表信度检测结果

变量	可靠性分析	
	Cronbach's α	项数
主动性人格	0.618	2
个人认同	0.851	3
社会认同	0.665	3
职业身份认同	0.911	19
价值认同	0.812	9
情感认同	0.811	6
行为认同	0.900	4
角色宽度自我效能感	0.846	5
组织氛围	0.921	12
感知组织支持	0.789	4
感知压力/机会	0.885	6
过去行为经验	0.794	2
主动性行为意愿	0.854	2
主动性行为	0.904	8

资料来源：笔者根据 SPSS 分析数据整理。

如表 4-6 所示，个人认同、职业身份认同、价值认同、情感认同、行为认同、角色宽度自我效能感、组织氛围、感知压力/机会、主动性行为意愿、主动性行为的内部一致性系数高于 0.8，具有较高信度；感知组织支持、过去行为经验的内部一致性系数在 0.7~0.8，

[①] 卢纹岱、陈胜可：《SPSS 统计分析——从入门到精通》，清华大学出版社 2010 年版，第 56 页。

说明量表信度较好；主动性人格、社会认同的内部一致性系数在 0.6~0.7，说明量表信度可接受。综上，所有研究量表均达到要求，且绝大部分研究量表信度较高，故以上各量表可以保留全部题项。

随后进行校正项目与总分相关性分析（CITC），以及检验项已删除的 α 系数与总体 α 系数之间的差异大小，来判断题目的删减与否。一般情况下，CITC 值大于 0.3，而"项已删除的 α 系数"没有明显大于总体 α 系数，则认为题目可以保留，具体分析结果如表 4-7 所示。

表 4-7　　　　　　校正项目与总分相关性分析

变量	题项	CITC	项已删除的 α 系数	量表的 α
主动性人格	1	0.456	—	0.618
	2	0.456	—	
个人认同	3	0.765	0.749	0.851
	4	0.759	0.761	
	5	0.648	0.863	
社会认同	6	0.349	0.667	0.665
	7	0.557	0.454	—
	8	0.541	0.480	
价值认同—生存认同	9	0.393	—	0.600
	10	0.393	—	
价值认同—责任认同	11	0.842	0.746	0.876
	12	0.854	0.736	
	13	0.604	0.853	
价值认同—发展认同	14	0.732	0.849	0.880
	15	0.766	0.836	
	16	0.763	0.838	
	17	0.701	0.861	
情感认同	18	0.518	0.793	0.811
	19	0.567	0.783	
	20	0.587	0.779	

续表

变量	题项	CITC	项已删除的 α 系数	量表的 α
	21	0.660	0.765	—
	22	0.548	0.787	—
	23	0.570	0.782	—
行为认同	24	0.905	0.821	0.900
	25	0.707	0.903	—
	26	0.910	0.819	—
	27	0.647	0.901	—
角色宽度自我效能感	28	0.666	0.813	0.846
	29	0.690	0.804	—
	30	0.605	0.826	—
	31	0.662	0.812	—
	32	0.655	0.815	—
感知组织支持	33	0.512	0.776	0.789
	34	0.711	0.675	—
	35	0.615	0.727	—
	36	0.555	0.757	—
感知组织压力/机会	37	0.577	0.885	0.885
	38	0.656	0.873	—
	39	0.666	0.870	—
	40	0.778	0.852	—
	41	0.715	0.863	—
	42	0.807	0.847	—
过去行为经验	43	0.660	—	0.794
	44	0.660	—	—
主动性行为意愿	45	0.749	—	0.854
	46	0.749	—	—
主动性行为	47	0.738	0.890	0.904
	48	0.729	0.890	—
	49	0.789	0.885	—
	50	0.726	0.889	—

续表

变量	题项	CITC	项已删除的 α 系数	量表的 α
	51	0.732	0.889	—
	52	0.764	0.886	—
	53	0.625	0.899	—
	54	0.526	0.909	—

资料来源：笔者根据 SPSS 分析数据整理。

由表 4-7 可知，各个变量的 CITC 值均在 0.3 以上，除了两个项目的变量无法输出"项已删除的 α 系数"外，而"项已删除的 α 系数"没有明显大于总体 α 系数，差异不明显，比如第 6 题和第 27 题，项已删除的 α 系数比总体 α 系数有 0.002、0.001 幅度的上升，变化不大，为了尊重原量表的结构，因子分析部分保留所有题目。

四 预调研量表的效度分析

效度检验用于评估量表的有效性，即量表能够有效度量出所对应构念的程度。预调研问卷的内容效度已通过调研问卷设计中所述方法进行，此处主要论述结构效度的定量验证过程，利用 SPSS 软件，采用探索性因子分析对预调研问卷量表进行设计合理性分析，以及确定量表的维度。

探索性因子分析的目的是以最少的因素建构解释全部最大的总变异量。具体表现为测量同一个潜变量的所有观测项应该是高度相关的，不同潜变量的测量项之间应该有低的相关度。分析步骤为：首先，为了防止偏差，保证变量之间的相关性和分布，进行取样切实性量数（Kaiser - Meyer - Olkin measure of sampling adequacy；简称 KMO 值）和 Barlett 球体检验，如果 KMO 达标（KMO 值高于 0.8，则说明效度高；KMO 值介于 0.7—0.8 之间，则说明效度较好；KMO 值介于 0.6—0.7 之间，则说明效度可接受，KMO 值小于 0.6，说明效度不佳），且 Barlett 球体检验显著性达到要求（即 $P < 0.05$），才适合做探索性因素分析；其次，分析题目与因子的对应关系，决定保留或删除题目。保留题目的标准一般为：题目的因子载荷大于 50%，题目的总

体方差解释率大于50%。删除题目共有三种常见标准：一是因子载荷值低于0.4；二是分析项与因子对应关系出现严重偏差；三是项目在多个维度上载荷大于0.5，出现界定不清的问题。最后，重复使用探索性因子分析至KMO达标，以及题目与因子对应关系与预期基本吻合，最终说明效度良好。需要说明的是，在题目数为3个以上的量表的效度分析中，上述情况适用，而只有两个或以下的题目的量表，其效度主要看题目（变量）间的相关性。

本研究中对各个变量进行探索性因子分析，因子分析中选取主成分法抽取共同因素，并作方差极大旋转，在得出的题目载荷中进行分析，并且按照上述标准删减题目，如删除在两个维度上的载荷大于0.5的项目（如第23题）等，并兼顾考虑项目对理论上的贡献，每删除一个项目都再进行一次因子分析，分析结果如下所示。

1. 主动性人格量表的探索性因子分析

主动性人格量表包含两个题目，两个题目载荷均在0.8以上，因子总体方差解释率72.790%，最终确定2个题目共1个维度的结构，合称为主动性人格，详见表4-8。

表4-8　　　　　主动性人格探索性因子分析结果

变量	题项	因子1
主动性人格	题1	0.853
—	题2	0.853
主成分抽取	—	—
最大方差旋转	—	—
取样切实性量数	0.500	—
上次读取的卡方	55.076	—
自由度	1	—
显著性	0.000	—
总体方差解释率	72.790%	—

资料来源：根据SPSS分析数据整理得出。

2. 个人认同量表的探索性因子分析

根据上述流程对个人认同量表进行因子分析。首先，使用 KMO 和 Bartlett 球形度检验判定样本数据是否符合因子分析的要求。结果显示，前测数据的 KMO 值 = 0.707，Bartlett 球形度检验的结果为：$\chi^2 = 333.799$，df = 3，$P < 0.001$，适合进行因子分析。然后使用主成分分析法对测量指标进行因子提取，结果显示，各题项的因子载荷均在 0.8 以上，因子总体方差解释率 77.372%，最终确定 3 个题目共 1 个维度的结构，合称为个人认同，详见表 4-9。

表 4-9　　　　　个人认同量表的探索性因子分析结果

变量	题项	因子 1
个人认同	题 3	0.905
—	题 4	0.901
—	题 5	0.831
主成分抽取	—	—
最大方差旋转	—	—
取样切实性量数	0.707	—
上次读取的卡方	333.799	—
自由度	3	—
显著性	0.000	—
总体方差解释率	77.372%	—

资料来源：根据 SPSS 分析数据整理。

3. 社会认同量表的探索性因子分析

首先，使用 KMO 和 Bartlett 球形度检验判定样本数据是否符合因子分析的要求。结果显示，前测数据的 KMO 值 = 0.733，Bartlett 球形度检验的结果为：$\chi^2 = 120.550$，df = 3，$P < 0.001$，适合进行因子分析。然后使用主成分分析法对测量指标进行因子提取，结果显示，各题项的因子载荷均在 0.6 以上，因子总体方差解释率 59.992%，最终确定 3 个题目共 1 个维度的结构，合称为社会认同，详见表 4-10。

表4–10　　社会认同量表的探索性因子分析结果

变量	题项	因子1
社会认同	题6	0.642
—	题7	0.839
—	题8	0.827
主成分抽取	—	—
最大方差旋转	—	—
取样切实性量数	0.733	—
上次读取的卡方	120.550	—
自由度	3	—
显著性	0.000	—
总体方差解释率	59.992%	—

资料来源：根据 SPSS 分析数据整理。

4. 职业身份认同量表的探索性因子分析

根据上述流程对职业身份认同量表进行因子分析，初次分析结果如下。发现9–17题包含三个维度，18–27题包含两个维度，19个题目的 KMO 值 = 0.867，χ^2 = 3276.250，df = 171，P < 0.001，适合因子分析。而第23题出现在两个维度上的共同载荷均大于0.5的情况，因此考虑将该题项删除，其他题目均满足因子分析的标准，详见表4–11。

表4–11　　职业身份认同的探索性因子分析初始结果

变量	题项	因子1	因子2	因子3	因子4	因子5
—	题9	0.905	—	—	—	—
—	题10	0.709	—	—	—	—
—	题11	—	0.920	—	—	—
—	题12	—	0.931	—	—	—
—	题13	—	0.765	—	—	—
—	题14	—	—	0.843	—	—
—	题15	—	—	0.862	—	—

续表

变量	题项	因子1	因子2	因子3	因子4	因子5
—	题16	—	—	0.862	—	—
—	题17	—	—	0.812	—	—
—	题18	—	—	—	—	—
—	题19	—	—	—	0.700	
—	题20	—	—	—	0.785	
—	题21	—	—	—	0.769	
—	题22	—	—	—	0.525	
—	题23	—	—	—	**0.534**	**0.521**
—	题24	—	—	—	—	0.955
—	题25	—	—	—	—	0.806
—	题26	—	—	—	—	0.964
—	题27	—	—	—	—	0.688
最大方差旋转	—	—	—	—	—	—
取样切实性量数	0.867					
上次读取的卡方	3276.250	—	—	—	—	—
自由度	171					
显著性	0.000	—	—	—	—	—
总体方差解释率	69.823%	—	—	—	—	—

资料来源：根据 SPSS 分析数据整理。

删除第 23 题后，最终确定 3 个题目共 5 个维度的结构，具体输出结果见表 4-12，18 个题目的 KMO 值 = 0.860，Bartlett 球形度检验的结果为：$\chi^2 = 3088.608$，df = 153，P < 0.001，适合作因子分析；18 个题目在各位维度上的载荷除题 22（为 0.521）外均在 0.7 以上，因子累计贡献率 70.574%，因此 18 个题目保留。其中，9、10 题为价值认同之生存认同，11—13 题为价值认同之责任认同，14—17 题为价值认同之发展认同；18—22 题为情感认同，24—27 题为行为认同，详见表 4-12。

表4-12　　职业身份认同的探索性因子分析修正后的结果

变量	题项	因子1	因子2	因子3	因子4	因子5
—	题9	0.905	—	—	—	—
—	题10	0.709	—	—	—	—
—	题11	—	0.920	—	—	—
—	题12	—	0.931	—	—	—
—	题13	—	0.765	—	—	—
—	题14	—	—	0.843	—	—
—	题15	—	—	0.862	—	—
—	题16	—	—	0.862	—	—
—	题17	—	—	0.812	—	—
—	题18	—	—	—	0.705	—
—	题19	—	—	—	0.716	—
—	题20	—	—	—	0.799	—
—	题21	—	—	—	0.759	—
—	题22	—	—	—	0.521	—
—	题24	—	—	—	—	0.958
—	题25	—	—	—	—	0.808
—	题26	—	—	—	—	0.968
—	题27	—	—	—	—	0.693
主成分抽取	—	—	—	—	—	—
最大方差旋转	—	—	—	—	—	—
取样切实性量数	0.860	—	—	—	—	—
上次读取的卡方	3088.608	—	—	—	—	—
自由度	153	—	—	—	—	—
显著性	0.000	—	—	—	—	—
总体方差解释率	70.574%	—	—	—	—	—

资料来源：根据SPSS分析数据整理。

5. 角色宽度自我效能感量表的探索性因子分析

首先，使用KMO和Bartlett球形度检验判定样本数据是否符合因子分析的要求。结果显示，前测数据的KMO值=0.857，Bartlett球形度检验的结果为：$\chi^2 = 830.720$，$df = 15$，$P < 0.001$，适合进行因子分析。然后使用主成分分析法对测量指标进行因子提取，结果显示，各题项的因子载荷均在 0.75 以上，因子总体方差解释率 64.035%，最终确定 5 个题目共 1 个维度的结构，合称为角色宽度自我效能感，详见表 4-13。

表 4-13 角色宽度自我效能感的探索性因子分析结果

变量	题项	因子 1
角色宽度自我效能感	题 28	0.795
—	题 29	0.811
—	题 30	0.750
—	题 31	0.794
—	题 32	0.789
主成分抽取	—	—
最大方差旋转	—	—
取样切实性量数	0.857	
上次读取的卡方	803.720	—
自由度	15	—
显著性	0.000	—
总体方差解释率	64.035%	—

资料来源：根据 SPSS 分析数据整理。

6. 组织氛围量表的探索性因子分析

组织氛围量表分为三个分量表，分别进行探索性因子分析。

（1）感知组织支持量表的探索性因子分析

首先，使用 KMO 和 Bartlett 球形度检验判定样本数据是否符合因子分析的要求。结果显示，前测数据的 KMO 值 = 0.705，Bartlett 球形度检验的结果为：$\chi^2 = 310.360$，$df = 6$，$P < 0.001$，适合进行因子分析。然后使用主成分分析法对测量指标进行因子提取，结果显示，各题项的因子载荷均在 0.7 以上，因子总体方差解释率 61.299%，最终确定 4 个题目共 1 个维度的结构，合称为感知组织支持，详见表 4-14。

表 4-14　　　感知组织支持的探索性因子分析结果

变量	题项	因子1
—	题33	0.717
—	题34	0.863
—	题35	0.798
—	题36	0.747
主成分抽取	—	—
最大方差旋转	—	—
取样切实性量数	0.705	—
上次读取的卡方	310.360	—
自由度	6	—
显著性	0.000	—
总体方差解释率	61.299%	—

资料来源：根据 SPSS 分析数据整理。

（2）感知组织压力/机会的探索性因子分析

首先，使用 KMO 和 Bartlett 球形度检验判定样本数据是否符合因子分析的要求。结果显示，前测数据的 KMO 值 = 0.857，Bartlett 球形度检验的结果为：χ^2 = 803.720，df = 15，P < 0.001，适合进行因子分析。然后使用主成分分析法对测量指标进行因子提取，结果显示，各题项的因子载荷均在 0.65 以上，因子总体方差解释率 64.035%，最终确定 6 个题目共 1 个维度的结构，合称为感知组织压力/机会，详见表 4-15。

表 4-15　　　感知组织压力/机会的探索性因子分析结果

变量	题项	因子1
—	题37	0.687
—	题38	0.759
—	题39	0.770
—	题40	0.868
—	题41	0.817

续表

变量	题项	因子1
—	题42	0.884
—	—	—
最大方差旋转	—	—
取样切实性量数	0.857	—
上次读取的卡方	803.720	—
自由度	15	—
显著性	0.000	—
总体方差解释率	64.035%	—

资料来源：根据SPSS分析数据整理。

（3）过去行为经验的探索性因子分析

过去行为经验量表包含两个题目，各题项的因子载荷均在0.9以上，因子总体方差解释率83%，最终确定2个题目共1个维度的结构，合称为过去行为经验，详见表4-16。

表4-16　　　　过去行为经验的探索性因子分析结果

变量	题项	因子1
—	题43	0.911
—	题44	0.911
主成分抽取	—	—
最大方差旋转	—	—
取样切实性量数	0.500	—
上次读取的卡方	135.277	—
自由度	1	—
显著性	0.000	—
总体方差解释率	83.000%	—

资料来源：根据SPSS分析数据整理。

7. 主动性行为意愿量表的探索性因子分析

主动性行为意愿量表包含两个题目，各题项的因子载荷均在0.9

以上，因子总体方差解释率87.473%，最终确定2个题目共1个维度的结构，合称为主动性行为意愿，详见表4-17。

表4-17　　　　主动性行为意愿探索性因子分析结果

变量	题项	因子1
—	题45	0.935
—	题46	0.935
主成分抽取	—	—
最大方差旋转	—	—
取样切实性量数	0.500	—
上次读取的卡方	193.427	—
自由度	1	—
显著性	0.000	—
总体方差解释率	87.473%	—

资料来源：根据SPSS分析数据整理。

8. 主动性行为量表的探索性因子分析

首先，使用KMO和Bartlett球形度检验判定样本数据是否符合因子分析的要求。结果显示，前测数据的KMO值=0.916，Bartlett球形度检验的结果为：$\chi^2 = 1089.990$，df=28，$P < 0.001$，适合进行因子分析。然后使用主成分分析法对测量指标进行因子提取，结果显示，各题项的因子载荷均在0.6以上，大部分为0.8以上，因子总体方差解释率61.429%，最终确定8个题目共1个维度的结构，合称为主动性行为，详见表4-18。

表4-18　　　　主动性行为的探索性因子分析结果

变量	题项	因子1
—	题47	0.816
—	题48	0.815
—	题49	0.852

续表

变量	题项	因子1
—	题50	0.808
—	题51	0.804
—	题52	0.825
—	题53	0.709
—	题54	0.613
主成分抽取	—	—
最大方差旋转	—	—
取样切实性量数	0.916	—
上次读取的卡方	1089.990	—
自由度	28	—
显著性	0.000	—
总体方差解释率	61.429%	—

资料来源：根据 SPSS 分析数据整理。

第五节　正式调查问卷的产生

通过上述对预调研问卷量表及数据的信度和效度分析，删除了职业身份认同量表中的第 23 题，其余变量的题目保留后，各个变量的信度、效度良好。同时，为了在正式调研中尝试进一步提高部分问卷的信效度，在正式调研问卷中尝试加入了少量题项，以弥补预调研问卷中不够完美的部分，加入之后新的正式问卷的信效度情况见本书第五章第二节。

为了提高正式问卷的内容效度，进一步采用专家评价法对正式问卷进行了内容分析。共邀请本领域的专家（包括学术专家和实务专家）4 人进行内容效度评估和反馈：首先阐释问卷中各构念的内涵及外延，然后请各位专家分别针对该构念的度量项目进行内容评价，反馈各度量项目是否能够表达或测度以上各构念所代表的内涵及外延，以及相关语句的切实性，并根据反馈意见进行了问卷项目内容修订，主要是对不切实的词句的修订。最后，为了避免被调查者的阅读及理解疲劳，以及提高对题项之间具体含义的差别的体会，研究者对问卷题项的位置顺序也进行了精心调整，将问卷各易混题项交叉排序，并邀请相关志愿者进行小范围阅读和反馈、调整，形成新的正式问卷，详见附录4。

第五章 大样本调研与假设的验证分析

第一节 大样本调研

一 问卷发放与回收

为了提高问卷的覆盖率以及有效回收率，使调研数据有更好的说服力、方便后续数据统计处理，本研究的正式调研在实证研究设计中确定的取样方案及调研方法，以及总结了预调研过程所获得的经验的基础上，对正式调研采取了如下措施：进一步扩大 MBA 学生群体的调研范围，选择 MBA 学生集中上课时段发放问卷，并现场动员和说明，必要时邀请任课老师、公信度较高的学生帮助动员和说明，并当场回收；多选择公共选修课的学生进行调研，以便使调研对象的年龄、单位等信息更为丰富；进一步扩大企业调研的深度和广度，对于预调研中比较支持调研工作的企业或高管，请其帮助进一步在其企业内扩大范围发放正式问卷或将正式问卷推荐给其他企业进行发放，同时在实证研究设计所述的企业、员工、岗位中扩大正式调研问卷的发放量；进一步向笔者比较认可、比较支持本研究工作的同事、朋友、同学寻求帮助，请其帮助填写及发放正式问卷；增加了网络调查手段，对于不方便现场发放或现场回收问卷的调研对象，利用网络手段，如微信、QQ、电子邮件等方式进行问卷发放及回收；同时利用问卷星 App 制作了调查问卷后台程序，并将调研范围扩大到全国，在网络平台上进行问卷发放和回收统计。为了鼓励被调查者的积极性和提高填写信息的真实性，保证问卷的有效回收率，正式调研中采用了一定的奖励政策，并尽量邀请企业负责人发放。同时，进一步深入具体典型企业调查各个典型部门，以深挖企业内部不同员工的职业身份认同与主动性行为的差异性。经过近一个月的数据收集和整理，其间和不同企业、员工的反复沟通，形成最终的大样本调研数据。

二 大样本描述性统计

学者们一般认为结构方程模型需要大样本，有学者认为要100—200份以上（侯杰泰等，2004），武隆增等认为需要200份以上，也有学者认为要400个样本（Boomsma，1982）。综合考虑不同学者的观点，考虑到研究对样本容量的要求以及样本发放的成本问题，共发放问卷700份，回收问卷653份，回收率93.3%，其中有效问卷618份，有效率94.6%。大样本调研的描述性统计结果如表5-1所示。

表5-1　　　　　　　　正式调研样本的描述性统计数据

人口学变量	计数（$n=618$，人）	百分比（%）
性别	—	—
男	295	47.7
女	323	52.3
年龄	—	—
≤30岁	213	34.5
31—35岁	125	20.2
36—40岁	76	12.3
41—45岁	101	16.3
46—50岁	59	9.6
>50岁	44	7.1
学历	—	—
专科	172	27.8
本科	334	54.0
硕士	68	11.0
博士	14	2.3
其他	30	4.9
工作年限	—	—

续表

人口学变量	计数（$n=618$，人）	百分比（%）
≤5 年	169	27.3
6—10 年	142	23.0
11—15 年	63	10.2
16—20 年	62	10.0
21—25 年	84	13.6
26—30 年	48	7.8
>30 年	50	8.1
所在企业类型	—	—
国有企业	364	58.9
集体企业	143	23.1
私营企业	57	9.2
外资企业	9	1.5
其他	45	7.3
所属行业	—	—
农、林、牧、渔业	3	0.5
电力、热力、燃气及水生产和供应业	244	39.5
采矿业、制造业	7	1.1
建筑业	6	1.0
服务业	291	47.1
交通运输业	2	0.3
商业	10	1.6
饮食业	1	0.2
科技咨询业	15	2.4
其他	39	6.3
所在部门	—	—
行政管理	107	17.3
技术研发	28	4.5
营销	135	21.8
客户服务	202	32.7
生产	98	15.9
其他	48	7.8

续表

人口学变量	计数（$n=618$，人）	百分比（%）
职位层次	—	—
基层	524	84.8
中层	77	12.5
高层	17	2.7
任现职级年限	—	—
0—5 年	355	57.4
6—10 年	144	23.3
11—15 年	32	5.2
16—20 年	37	6.0
21—25 年	50	8.1

资料来源：根据调研数据整理。

对比表 4-5 与表 5-1 可以看出，性别分布上，正式调研男性占比稍有提高，更趋于男女对半的现实状况；年龄分布上，根据预调研时小于 30 岁员工偏多的情况进行了调整，增加了其他年龄段员工的占比，特别是企业中年龄偏大的员工的占比，以便各年龄段均有相当数量的样本数据；学历分布上，调整了预调研中本科比重偏大的问题，重点增加了专科及以下、博士学历的样本数据；工作年限分布上，也调整了预调研中小于 10 年的新员工偏多的情况，增加了其他工作年限，特别是工作超过 25 年的员工的样本；企业类型分布上，由于国有企业员工数量多，同时要兼顾各个部门、各种类型的员工，故调研样本分布上仍然以国有企业员工样本为主；职位层次分布上，各职位层次调研的数量均有增加，但相对比例仍然以基层员工为主；所属行业分布上以电力行业和服务业为主，但其他行业的样本量偏少。其中电力行业是上述典型国有企业，服务业多为集体企业或私营企业，针对样本情况，在后续研究中将行业类型分析与企业类型分析合并；所在部门性质的分布上涵盖一般企业的所有基本部门，同时体现向企业管理中对主动性要求较高的部门倾斜的特点，样本量大小排序为客户服务、营销、行政管理部门等；任现职级年限的分布中，也改进了预调研中任现职级年限小于 5 年的员工偏多的情况，增加了其他年限的分布比重。由此可见，正式调研样本与预调研样本相比，更加符合本研究对样本抽取的要求，为后续进行相关分析奠定了基础。

第二节　正式量表的信效度检验

一　测量工具信度检验

正式调研量表的信度检验结果如表 5-2 所示。可以看出，除社会认同量表外，其余所有量表的信度值（即克隆巴赫系数）均高于 0.6，且增加了少量题项的正式量表大部分的信度系数均有提高。特别是本研究中非常重要的几个构念的量表，包括职业身份认同量表、角色宽度自我效能感量表、组织氛围量表、主动性行为意愿量表、主动性行为量表，均有高于 0.8 的信度系数。其中职业身份认同量表的信度系数为 0.952（预调研中为 0.911），职业身份认同各维度的信度系数为 0.847、0.862、0.783，表明前期分析研究的重点之一，即职业身份认同的度量问题得到较好解决。至于社会认同量表，其信度偏低（与预调研题项一致，但在预调研中信度系数为 0.665）的原因有待后续研究进一步验证。

表 5-2　　　　　　　　正式调研量表信度检测结果

量表	可靠性分析	
—	克隆巴赫系数	项数
主动性人格	0.637	3
个人认同	0.875	3
社会认同	0.403	3
职业身份认同	0.925	22
价值认同	0.847	10
情感认同	0.862	6
行为认同	0.783	6

续表

量表	可靠性分析	
角色宽度自我效能感	0.845	5
组织氛围	0.929	13
感知组织支持	0.801	4
感知压力、机会	0.865	6
过去行为经验	0.873	3
主动性行为意愿	0.938	3
主动性行为	0.929	8

注：$n=618$，α系数值大于0.6表明尚可。
资料来源：根据调研数据分析得出。

二 测量工具效度检验

内容效度方面，由于正式问卷的产生过程均借鉴本领域权威成熟问卷，并经历了数次相关专家评议以及预调研效度分析，因而保证了问卷的内容效度。

结构效度方面，分析结果见表5-3。

表5-3 各主要研究变量 KMO 和 Bartlett 效度检验结果

KMO 和 Bartlett 检验	主动性人格	个人认同	社会认同	职业身份认同	角色宽度自我效能感	组织氛围	主动性行为意愿	主动性行为
取样切实性量数	0.585	0.705	0.511	0.930	0.820	0.932	0.761	0.929
上次读取的卡方	295.204	1038.352	107.028	8552.355	1224.430	5159.843	1646.097	3709.992
自由度	3	3	3	231	10	78	3	28
显著性	0.000	0.000	0.000	0.000	0.000	0.000	0.000	0.000
总体方差解释率	58.984%	80.406%	47.247%	66.506%	61.864%	62.995%	89.028%	67.532%

资料来源：根据调研数据分析得出。

由上述数据可以看出，正式调研中所有量表的 KMO 值和 Bartlett 球形度检验、总体方差解释率均达到要求，表明正式调查量表总体具有较好的效度。

第三节 正式调研数据的分析

一 数据同源偏差检验

同源偏差（Commen Method Bias）也称为共同方法偏差，指的是由于被试者、测量环境、测量量表等方面的原因所造成的预测变量与效标变量间的人为共变性。为了防止数据同源偏差，在调研过程中，研究者在同等条件下选择了较为认同和支持本研究的调研对象和能使其较为认真地填写调研内容的调研方法，较好地保证了调研数据的质量。为了检验正式调研数据同源偏差问题，研究者将除了主动性行为这一结果变量之外的其他所有变量进行主成分因子分析，共抽取出 10 个因子，首因子方差解释率为 36.168%，小于 40% 的界限，因此本研究不存在明显的同源偏差。[①]

二 研究变量的差异分析

为了检验调查对象的基本情况（即背景变量）对研究变量的影响，本研究特别对问卷中的各背景变量进行了差异分析，以便发现不同调查对象之间的差异。相关差异分析的结果见附录 5。

1. 性别差异分析

性别差异分析的结果见附录 5 中的附表 5-1。由该表可以看出，所有 p 值均大于 0.05，故性别因素对本研究的所有变量没有差异，即性别因素对于主动性人格、个人认同、社会认同、职业身份认同各维度、组织氛围各维度、角色宽度自我效能感、主动性行为意愿、主动性行为均没有影响。说明在本研究中，性别因素对模型数据没有影响，即在本研究相关的管理实践中，不需要考虑性别因素。

2. 年龄差异分析

采用方差分析对年龄因素进行差异分析，其结果见附录 5 中的附

[①] 周浩、龙立荣：《共同方法偏差的统计检验与控制方法》，《心理科学进展》2004 年第 6 期。

表5-2。由该表可以看出,年龄因素对于主动性人格无显著差异;而年龄因素对于个人认同、社会认同、职业身份认同各维度、组织氛围各维度、角色宽度自我效能感、主动性行为意愿、主动性行为均存在差异。进一步对存在差异的变量进行事后检验,发现个人认同方面,分值最高的是46—50岁的员工,最低的是≤30岁的员工,二者的差异最为显著,相邻年龄段的差异最小或无差异;社会认同方面,分值最高的是31—35岁的员工,最低的是>50岁的员工,二者的差异最为显著,大于50岁的员工除了与≤30岁的员工没有差异外,与其他年龄段的员工均有显著差异;职业身份认同方面,分值最高的是46—50岁的员工,最低的是≤30岁的员工,二者的差异最为显著,基本上各个年龄段的员工均有显著差异。组织氛围方面,分值最高的是46—50岁的员工,最低的是≤30岁的员工,二者的差异最为显著,31—45岁的员工与其他年龄段的员工基本均没有差异。主动性行为意愿方面,分值最高的是46—50岁的员工,最低的是≤30岁阶段的员工,二者的差异最为显著,而其他年龄段的差异较小或没有差异。主动性行为方面,分值最高的是46—50岁阶段的员工,最低的是≤30岁阶段的员工,二者的差异最为显著,各个年龄段均有显著差异。

如果将以上员工中≤30岁及31—35岁的员工定义为年轻员工,而将46—50岁及>50岁的员工定义为年老员工,那么由以上结果分析可以看出,年轻员工的个人认同、职业身份认同、组织氛围、主动性行为意愿、主动性行为均低,只有社会认同高;而年老员工恰好与之相反。

3. 学历差异分析

学历差异分析结果见附录5中的附表5-3。由该表可以看出,学历只在个人认同、社会认同维度上有差异,在其他维度上无差异。进一步分析发现,个人认同方面,得分最高的为其他(此处为专科以下学历),最低的为本科,二者的差异最为显著;社会认同方面,得分最高的为博士学历员工,最低的为其他学历员工,博士学历与专科及以下学历员工的差异显著。

由此可见,个人认同方面问题最大的是本科学历员工,而博士学历员工比较重视社会认同，低学历员工的社会认同最低。

4. 工作年限差异分析

工作年限差异分析结果见附录5中的附表5-4。由该表可以看出，工作年限除了对主动性人格外，对个人认同、社会认同、职业身份认同及各维度、组织氛围及各维度、角色宽度自我效能感、主动性行为意愿、主动性行为均有差异。进一步对存在差异的变量进行事后检验，发现个人认同方面，得分最高的为21—25年工龄的员工，最低的为≤5年工龄的员工，二者的差异最为显著，相邻工作年限的员工差异最小或无差异。社会认同方面，得分最高的为21—25年工龄的员工，最低的为>30年工龄的员工，二者的差异最为显著，26—30年工龄的员工与其他所有员工均没有显著差异，差异最小的是11—15年工龄与16—20年工龄的员工。职业身份认同方面，基本上各个工作年限阶段的员工相互之间均有显著差异，得分最高的是21—25年工龄的员工，最低的是≤5年工龄的员工，二者的差异最为显著。组织氛围方面，得分最高的是26—30年工龄的员工，最低的是≤5年工龄的员工，二者的差异最为显著，11—20年工龄的员工与其他工龄段的员工基本没有差异。角色宽度自我效能感方面，得分最高的是21—25年工龄的员工，最低的是≤5年工龄的员工，二者的差异最为显著。主动性行为意愿方面，得分最高的是26—30年工龄的员工，最低的是≤5年工龄的员工，二者的差异最为显著，≤5年工龄的员工与所有其他工龄的员工均有显著差异，11—20年工龄的员工除了与≤5年工龄的员工有显著差异外，与所有其他工龄段的员工均无显著差异。主动性行为方面，得分最高的是26—30年工龄的员工，最低的是≤5年工龄的员工，二者的差异最为显著，各个工龄段相互之间均有显著差异。

如果将上述员工中工作年限≤5年的员工定义为新进员工，而将工作年限为21—25年以及26—30年的员工定义为临退休员工，则由上述分析可以看出，新进员工的个人认同、职业身份认同、组织氛围、角色宽度自我效能感、主动性行为意愿、主动性行为均为最低；而临退休员工的以上分值均最高。不同工作年限的员工在职业身份认同及主动性行为分值上均有显著差异。

5. 企业类型差异分析

企业类型差异分析结果如附录5中的附表5-5所示。由该表可以看出，企业类型对社会认同、职业身份认同及各维度、组织氛围及各维度、主动性行为意愿、主动性行为均有差异，而对主动性人格、个人认同、角色宽度自我效能感没有差异。进一步对存在差异的变量进行事后检验，发现社会认同方面，得分最高的为其他类型企业员工，次高的为国有企业员工，最低的是私营企业员工，差异最小的是集体企业与外资企业的员工，国有企业员工与私营企业员工有显著差异。职业身份认同方面，得分最高的为国有企业员工，最低的为私营企业员工，二者的差异最为显著。组织氛围方面，得分最高的为外资企业员工，最低的为私营企业员工，二者的差异最为显著，而国有企业员工与私营企业员工也有显著差异。主动性行为意愿方面，得分最高的为国有企业员工，最低的为其他类型企业员工，二者的差异最为显著，次低的为私营企业员工，国有企业员工与私营企业员工之间有显著差异。主动性行为方面，得分最高的为国有企业员工，最低的为其他类型企业员工，国有企业员工与私营企业员工没有显著差异。需要说明的是，在本研究中，其他类型的企业主要调查的是银行等金融类企业，按照《中华人民共和国公司登记管理条例》规定，该类型的企业属于国有独资公司，并按照《中华人民共和国企业法人登记管理条例》规定，该类企业不属于国有企业，故在此进行单列。

由上述分析结果可以看出，国有企业员工的社会认同、职业身份认同、主动性行为意愿、主动性行为均较高；而私营企业的社会认同、职业身份认同、组织氛围、主动性行为意愿均较低；在组织氛围方面，需借鉴外资企业的管理；而集体企业员工的上述研究值与其他企业类型的员工没有显著差异。

6. 职位层次差异分析

职位层次的差异分析结果见附录5中的附表5-6。由该表可以看出，职位层次对除价值认同、情感认同之外的所有变量，即主动性人格、个人认同、社会认同、职业身份认同、行为认同、组织氛围及各维度、角色宽度自我效能感、主动性行为意愿、主动性行为均有差异。进一步对存在差异的变量进行事后检验，发现高层与基层在以上所有存在差异的方面均是差别最大的，高层在以上各维度的得分均高于基层，且高层员工与基层员工在以上维度上存在显著差异。

7. 任现职级年限差异分析

任现职级年限的差异分析结果见附录5中的附表5-7。由该表可以看出，任现职级年限对主动性人格、社会认同、感知组织支持、过去行为经验没有差异，而对个人认同、职业身份认同及各维度、组织氛围、感知组织压力/机会、角色宽度自我效能感、主动性行为意愿、主动性行为均有差异。进一步对存在差异的变量进行事后检验，发现个人认同方面，得分最高的为任现职级21—25年的员工，最低的为任现职级0—5年的员工，二者的差异最为显著，相邻任现职级年限的差异最小或无差异。职业身份认同方面，得分最高的为任现职级21—25年的员工，最低的为任现职级0—5年的员工，二者的差异最为显著。组织氛围方面，得分最高的为任现职级21—25年的员工，最低的为任现职级11—15年的员工，二者的差异最为显著，任现职级0—5年的员工与任现职级21—25年的员工差异显著。感知组织压力/机会方面，得分最高的是任现职级21—25年的员工，最低的是任现职级11—15年的员工，二者的差异最为显著。角色宽度自我效能感方面，得分最高的是任现职级11—15年的员工，最低的是任现职级0—5年的员工，二者的差异最为显著，任现职级0—5年的员工与任现职级21—25年的员工差异显著。主动性行为意愿方面，得分最高的是任现职级21—25年的员工，最低的是任现职级16—20年的员工，二者的差异最为显著，任现职级6—15年的员工与几乎所有其他任现职级年限的员工均无差异，任现职级0—5年的员工与任现职级21—25年的员工之间也存在显著差异。主动性行为方面，得分最高的是任现职级21—25年的员工，最低的是任现职级0—5年的员工，二者的差异最为显著。

如果将以上员工中任现职级0—5年的员工定义为资历浅的员工，而将任现职级16—20年及21—25年的员工定义为资历深的员工，则由以上分析结果可以看出，资历浅的员工个人认同、职业身份认同、组织氛围、角色宽度自我效能感、主动性行为意愿、主动性行为均较低；而资历深的员工以上分值均较高，且二者在以上测度变量的评价值均存在显著差异。

8. 部门性质差异分析

为进一步探讨不同部门的研究变量值的差异，本研究针对某典型国有企业深入调查了其内部行政管理、技术研发、营销、客户服务、生产及其他部门的员工，形成了部门性质的差异分析结果，见附录5中的附表5-8。由该表可以看出，部门性质对除主动性人格以外的个人认同、社会认同、职业身份认同及各维度、组织氛围及各维度、角色宽度自我效能感、主动性行为意愿、主动性行为均有差异。进一步对存在差异的变量进行事后检验，发现个人认同方面，得分最高的为营销部门员工，最低的为客服部门员工，二者的差异最为显著。社会认同方面，得分最低的为客服部门员工，最高的为其他部门员工，次高的为行政管理部门员工，客服部门员工与行政管理部门员工、营销部门员工、生产部门员工、其他部门员工均有显著差异。职业身份认同方面，得分最高的为营销部门员工，最低的为技术研发部门员工，基本上各种部门性质的员工均有差异。组织氛围方面，得分最高的为营销部门员工，最低的为客服部门员工，二者的差异最为显著。角色宽度自我效能感方面，得分最高的为营销部门员工，最低的为技术研发部门员工，各组间有差异的少。主动性行为意愿及主动性行为方面，得分最高的为营销部门员工，最低的为客服部门员工，二者的差异最为显著。

由以上分析结果可以看出，在所调研的样本企业中，营销部门的个人认同、职业身份认同、组织氛围、角色宽度自我效能感、主动性行为意愿及主动性行为均得分较高；而个人认同、社会认同、组织氛围、主动性行为意愿及主动性行为方面问题比较突出的为客服部门员工；职业身份认同、角色宽度自我效能感方面问题比较突出的为技术研发部门员工。

9. 差异分析结果总体评价

由上述各组差异分析可以看出，除职位层次外，性别、年龄、学历、工作年限、企业类型、部门性质、任现职级年限对主动性人格的测度结果均无差异，这与主动性人格是员工与生俱来的固定人格品质有关系，而根据前期摸底调研的结果，职位层次与主动性人格有一定关系，一定程度上说明主动性越强的员工，其职位晋升的可能性越强，或者说明职位层次越高的员工，其主动性行为越强。

另外，性别因素的分析结果无差异。差异分析相关结果总结如表5-4所示（除性别、所属行业因素外）。综上，在后续定量分析中，将年龄、学历、工作年限、企业类型、职位层次、任现职级年限、部门性质作为控制变量。

表5-4　　　　　　　　　　差异分析结果总结

员工类型 研究变量	年龄	学历	工作年限	企业类型	职位层次	任现职级年限	部门性质
个人认同	√	√	√	—	√	√	√
社会认同	√	√	√	√	√	—	√
职业身份认同	√	—	√	√	※	√	√
角色宽度自我效能感	√	—	√	√	√	√	√
组织氛围	√	—	√	√	√	※	√
主动性行为意愿	√	—	√	√	√	√	√
主动性行为	√	—	√	√	√	√	√

注：√代表有差异；※代表部分维度有差异；空白代表无差异。
资料来源：笔者自行整理。

进一步将本节差异分析具体各类型员工的情况进行汇总，得到在后续研究中各研究变量需重点解决的存在问题的员工如表5-5所示。

由表5-4、表5-5可以看出，年龄、工作年限、任现职级年限因素的差异分析结果是类似的，存在问题的员工在各研究变量上的分布基本一致。当然，这与员工在以上分类中数据上的重合性有关系（比如：年轻员工一般也是新进员工及资历浅的员工），但也有一些细微的差别。因而在后续的研究中，若年龄、工作年限、任现职级年限不同的员工在研究的变量中反映的情况一致，则合并进行分析；若不一致，则细分进行分析。

表 5-5　　　　　　　　差异分析显示问题较突出的员工

	年龄	学历	工作年限	企业类型	职位层次	任现职级年限	部门性质
个人认同	年轻	本科	新进	—	基层	资历浅	客服
社会认同	年老	专科以下	—	私营	基层	—	客服
职业身份认同	年轻	—	新进	私营	基层	资历浅	技术研发
角色宽度自我效能感	—	—	新进	—	基层	资历浅	技术研发
组织氛围	年轻	—	新进	私营	基层	资历浅	客服
主动性行为意愿	年轻	—	新进	私营	基层	资历浅	客服
主动性行为	年轻	—	新进	—	基层	资历浅	客服

资料来源：笔者自行整理。

另外需要考虑的是学历、企业类型、职位层次、部门性质的差异，通过前述详细分析发现，其差别主要在于高学历与低学历的差别，国有企业与私营企业的差别，高层与基层的差别，以及营销部门、客服部门、技术研发部门的差异。

三　量表数据相关分析

（一）职业身份认同的形成机制相关分析

职业身份认同的形成机制中各变量的相关分析见表 5-6。

表 5-6　　　　　　职业身份认同形成机制相关分析结果

变量	1	2	3	4	5	6
1. 社会认同	1	—	—	—	—	—
2. 个人认同	0.153**	1	—	—	—	—
3. 职业身份认同	0.701**	0.238**	1	—	—	—
4. 价值认同	0.521**	0.152**	0.800**	1	—	—
5. 情感认同	0.645**	0.237**	0.925**	0.633**	1	—
6. 行为认同	0.674**	0.232**	0.923**	0.588**	0.799**	1

注：*$P<0.05$，**$P<0.01$，***$P<0.001$。

由表 5-6 中数据可知,个人认同与职业身份认同显著相关（r = 0.238,P < 0.01）,社会认同与职业身份认同显著相关（r = 0.701,P < 0.01）;社会认同与个人认同显著相关（r = 0.153,P < 0.01）,初步验证了职业身份认同形成机制中关于个人认同、社会认同、职业身份认同关系的假设。更进一步,个人认同与职业身份认同中的价值认同显著相关（r = 0.152,P < 0.01）、与情感认同显著相关（r = 0.237,P < 0.01）、与行为认同显著相关（r = 0.232,P < 0.01）;社会认同与职业身份认同的价值认同显著相关（r = 0.521,P < 0.01）、与情感认同显著相关（r = 0.645,P < 0.01）、与行为认同显著相关（r = 0.674,P < 0.01）,说明个人认同、社会认同与职业身份认同各维度的关系是存在的。而价值认同、情感认同、行为认同与职业身份认同的相关系数分别为 0.800、0.925、0.923,说明职业身份各维度的构建是成立的。

（二）职业身份认同对主动性行为的作用相关分析

职业身份认同对主动性行为的作用相关分析结果见表 5-7。

表 5-7　　职业身份认同对主动性行为的作用相关分析结果

变量	1	2	3	4	5	6	7
1. 职业身份认同	1	—	—	—	—	—	—
2. 价值认同	0.800**	1	—	—	—	—	—
3. 情感认同	0.925**	0.633**	1	—	—	—	—
4. 行为认同	0.923**	0.588**	0.799**	1	—	—	—
5. 角色宽度效能感	0.500**	0.521**	0.426**	0.417**	1	—	—
6. 主动性行为意愿	0.708**	0.655**	0.603**	0.627**	0.416**	1	—
7. 主动性行为	0.697**	0.655**	0.601**	0.612**	0.546**	0.802**	1

注：*P < 0.05,**P < 0.01,***P < 0.001。

由表 5-7 可以看出,职业身份认同与主动性行为意愿显著相关（r = 0.708,P < 0.01）,职业身份认同与主动性行为显著相关（r = 0.697,P < 0.01）,角色宽度自我效能感与主动性行为意愿显著相关（r = 0.416,P < 0.01）,角色宽度自我效能感与主动性行为显著相关（r = 0.546,P < 0.01）,主动性行为意愿与主动性行为显著相关（r =

0.802，P<0.01）。更进一步发现，价值认同与主动性行为意愿显著相关（r=0.655，P<0.01），价值认同与主动性行为显著相关（r=0.655，P<0.01），情感认同与主动性行为意愿显著相关（r=0.603，P<0.01），情感认同与主动性行为显著相关（r=0.601，P<0.01），行为认同与主动性行为意愿显著相关（r=0.627，P<0.01），行为认同与主动性行为显著相关（r=0.612，P<0.01），初步验证了职业身份认同对主动性行为的作用模型中的相关假设。

（三）组织氛围的调节作用相关分析

组织氛围的调节作用相关分析见表5-8。

表5-8　　　　　组织氛围的调节作用相关分析结果

变量	1	2	3	4	5	6
1. 组织氛围	1	—	—	—	—	—
2. 感知组织支持	0.861**	1	—	—	—	—
3. 感知组织压力/机会	0.931**	0.703**	1	—	—	—
4. 过去行为经验	0.925**	0.662**	0.827**	1	—	—
5. 主动性行为意愿	0.783**	0.626**	0.743**	0.753**	1	—
6. 主动性行为	0.684**	0.562**	0.648**	0.646**	0.802**	1

注：*P<0.05，**P<0.01，***P<0.001，下同。

由表5-8可以看出，组织氛围与主动性行为意愿相关，具体为：组织氛围与主动性行为意愿的相关系数为0.783（P<0.01），其中感知组织支持与主动性行为意愿的相关系数为0.626（P<0.01），感知组织压力/机会与主动性行为意愿的相关系数为0.743（P<0.01），过去行为经验与主动性行为意愿的相关系数为0.753（P<0.01）。

组织氛围与主动行为也有相关性，具体为：组织氛围与主动性行为的相关系数为0.684（P<0.01），其中感知组织支持与主动性行为的相关系数为0.562（P<0.01），感知组织压力/机会与主动性行为的相关系数为0.648（P<0.01），过去行为经验与主动性行为的相关系数为0.646（P<0.01）。

主动性行为意愿与主动性行为显著相关（r=0.802，P<0.01）。

综上，初步验证了组织氛围对主动性行为意愿到主动性行为之间的调节作用存在。

另外发现，组织氛围的三个维度即感知组织支持、感知组织压力/机会、过去行为经验与组织氛围的相关性分别为：0.861、0.931、0.925，说明组织氛围的三个维度的构建是可行的。

第四节 理论假设检验

本研究应用 AMOS 结构方程模型软件对理论模型进行了分析及假设检验，分别分析如下。

一 职业身份认同的形成机制相关检验

职业身份认同的形成机制中，为验证社会认同对职业身份认同及其各维度的影响，以及个人认同在社会认同到职业身份认同的影响中的中介作用，利用结构方程模型建立了相关模型，其检验结果如图 5-1 所示。

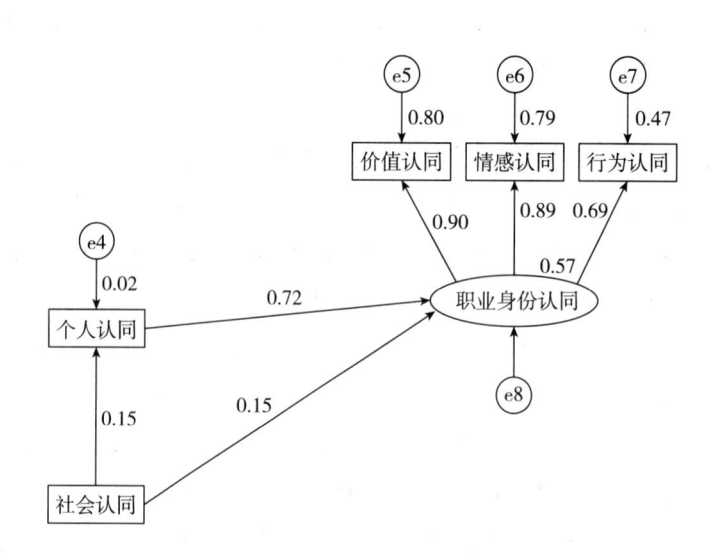

图 5-1 职业身份认同形成机制的结构方程模型检验结果

上述模型的适配度检验结果见表5-9。

表5-9　职业身份认同形成机制模型适配度检验结果

Model	NPAR	CMIN	DF	P	CMIN/DF	NFI Delta1	RFI rho1	IFI Delta2	TLI rho2	CFI	RMSEA
—	16	10.724	4	0.030	2.681	0.992	0.972	0.995	0.982	0.995	0.052

根据吴明隆提出的标准[①]，由表5-9可以看出，模型的CMIN/DF值为2.681（该值介于1—3之间表示模型适配良好），NFI Delta1、RFI rho1、IFI Delta2、TLI rho2、CFI值分别为0.992、0.972、0.995、0.982、0.995，该5个数值均大于0.9，RMSEA值为0.052（该值在0.08以下说明模型较理想），综上说明模型数据模拟拟合度较好。

该模型的路径系数如表5-10所示。

表5-10　职业身份认同的形成机制模型的路径系数表

—	—	—	Estimate	标准化Estimate	S.E.	C.R.	P
个人认同	<---	社会认同	0.228	0.153	0.059	3.846	***
职业身份认同	<---	个人认同	0.421	0.717	0.019	21.944	***
职业身份认同	<---	社会认同	0.131	0.150	0.026	4.956	***
价值认同	<---	职业身份认同	1.000	0.896	—	—	—
情感认同	<---	职业身份认同	1.144	0.891	0.040	28.835	***
行为认同	<---	职业身份认同	0.592	0.686	0.030	19.591	***

从图5-1及表5-10可以看出，社会认同对职业身份认同具有显著影响，其因素负荷量为0.150（P<0.001）；社会认同对个人认同具有显著影响，其因素负荷量为0.153（P<0.001）；个人认同对

---

① 吴明隆：《结构方程模型：AMOS的操作与应用》（第二版），重庆大学出版社2010年版，第43页。

职业身份认同具有显著影响，其因素负荷量为 0.717（P＜0.001）。以上结果表明，假设1、假设2、假设3均成立。

在职业身份认同与各维度的关系验证中，职业身份认同与价值认同、情感认同、行为认同的路径系数分别为 0.896、0.891、0.686，说明职业身份认同各维度的设计是成立的。

二 职业身份认同对主动性行为的作用相关检验

职业身份认同对主动性行为的作用中，为验证职业身份认同对主动性行为的直接影响、主动性行为意愿在职业身份认同对主动性行为影响中的中介作用、角色宽度自我效能感对主动性行为意愿和主动性行为的直接影响，利用结构方程模型建立了相关模型，其检验结果如图 5－2 所示。

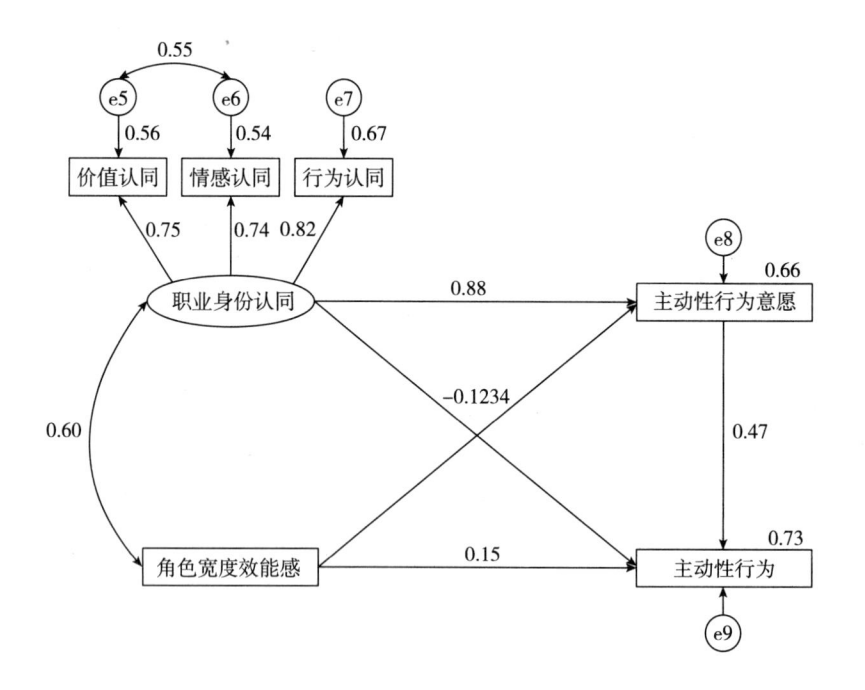

图 5－2 职业身份认同对主动性行为的作用的结构方程模型检验结果

上述模型的适配度检验结果见表 5－11。

表 5-11 职业身份认同对主动性行为的作用模型适配度检验结果

Model	NPAR	CMIN	DF	P	CMIN/DF	NFI Delta1	RFI rho1	IFI Delta2	TLI rho2	CFI	RMSEA
—	22	15.838	5	0.007	3.168	0.993	0.972	0.995	0.981	0.995	0.059

由表 5-11 可以看出，模型的 CMIN/DF 值为 3.168，NFI Delta1、RFI rho1、IFI Delta2、TLI rho2、CFI 值分别为 0.993、0.972、0.995、0.981、0.995，该 5 个数值均大于 0.9，RMSEA 值为 0.059（该值在 0.08 以下说明模型较理想），CMIN/DF 值虽略高于 3，但因该数值受样本量影响较大，且其他模型适配度数据均较好，综上说明模型数据模拟拟合度较好。

该模型的路径系数如表 5-12 所示。

表 5-12 职业身份认同对主动性行为的作用模型路径系数

—	—	—	Estimate	标准化 Estimate	S.E.	C.R.	P
主动性行为意愿	<---	职业身份认同	1.571	0.879	0.105	14.972	***
主动性行为意愿	<---	角色宽度效能感	-0.159	-0.116	0.059	-2.674	0.007
价值认同	<---	职业身份认同	1.000	0.750	—	—	—
情感认同	<---	职业身份认同	1.130	0.737	0.042	26.622	***
行为认同	<---	职业身份认同	0.847	0.821	0.044	19.430	***
主动性行为	<---	主动性行为意愿	0.360	0.468	0.040	9.065	***
主动性行为	<---	职业身份认同	0.464	0.337	0.094	4.947	***
主动性行为	<---	角色宽度效能感	0.155	0.148	0.035	4.492	***

从图 5-2 及表 5-12 可以看出，职业身份认同对主动性行为意愿具有显著影响，其因素负荷量为 0.879（P<0.001）；职业身份认同对主动性行为具有显著影响，其因素负荷量为 0.337（P<0.001）；角色宽度自我效能感对主动性行为意愿的影响不显著；角色宽度自我效能感对主动性行为具有显著影响，其因素负荷量为 0.148（P<0.001）；主动性行为意愿对主动性行为具有显著影响，其因素负荷量

为 0.468（P<0.001）。以上结果表明，假设 4、假设 5 成立，假设 6 不成立，假设 7、假设 8 成立。

为进一步验证职业身份认同各维度在模型中的作用，利用 SPSS 软件进行了多元回归分析，其结果见表 5-13、表 5-14。

表 5-13　职业身份认同各维度对主动性行为意愿的影响

—	非标准化系数		标准系数	t	P
	B	标准错误	β		
价值认同	0.119	0.066	0.089	1.817	0.070
情感认同	0.356	0.055	0.305	6.481	0.000
行为认同	0.731	0.064	0.423	11.512	0.000

从表 5-13 可以看出，价值认同对主动性行为意愿的影响不显著，情感认同对主动性行为意愿的影响显著（β=0.305，P<0.001）；行为认同对主动性行为意愿的影响显著（β=0.423，P<0.001）。由此可以判定，假设 4.1 不成立；假设 4.2 成立；假设 4.3 成立。

表 5-14　职业身份认同各维度对主动性行为的影响

—	非标准化系数		标准系数	t	P
	B	标准错误	β		
价值认同	0.127	0.050	0.123	2.517	0.012
情感认同	0.221	0.042	0.246	5.245	0.000
行为认同	0.540	0.049	0.403	11.061	0.000

由表 5-14 可以看出，价值认同对主动性行为的影响显著（β=0.123，P<0.05），情感认同对主动性行为的影响显著（β=0.246，P<0.001）；行为认同对主动性行为的影响显著（β=0.403，P<0.001）。由此可以判定，假设 5.1 成立，假设 5.2 成立，假设 5.3 成立。

三 组织氛围的调节效应检验

为了检验组织氛围在主动性行为意愿到主动性行为之间的调节作用，本研究建立了如下三个模型：模型 1 为主动性行为意愿对主动性行为的直接作用，构成第一层；模型 2 加入了感知组织支持、感知组织压力/机会、过去行为经验对主动性行为的作用，构成第二层；模型 3 中加入了以上三项与主动性行为意愿的交互作用对主动性行为的作用，构成第三层。并采用逐步分层回归方法对以上 3 个模型进行了检验。另外，采用方差膨胀因子（Variance Inflation Factor，VIF）对各变量之间的共线性进行了诊断（一般认为，该值小于 10 即为变量之间无明显共线性问题），其结果见表 5-15。

表 5-15 感知组织氛围的调节效应（逐步分层回归）检验结果

—	模型 1（主动性行为）			模型 2（主动性行为）			模型 3（主动性行为）		
—	β	p	VIF	β	p	VIF	β	p	VIF
第一步自变量	—	—	—	—	—	—	—	—	—
主动性行为意愿	0.802	0.000	—	0.691	0.000	2.646	0.752	0.000	3.038
第二步调节变量	—	—	—	—	—	—	—	—	—
感知组织支持	—	—	—	0.064	0.064	2.114	0.054	0.123	2.176
感知组织压力/机会	—	—	—	0.064	0.176	3.919	0.053	0.255	3.933
过去行为经验	—	—	—	0.031	0.505	3.727	0.024	0.601	3.792
第三步交互项	—	—	—	—	—	—	—	—	—
感知组织支持 * 主动性行为意愿	—	—	—	—	—	—	0.000	0.989	2.265
感知组织压力/机会 * 主动性行为意愿	—	—	—	—	—	—	0.109	0.031	4.530
过去行为经验 * 主动性行为意愿	—	—	—	—	—	—	0.000	0.997	4.092
F	1107.100***			285.920***			169.712***		
R^2	0.643			0.651			0.657		
R^2 改变量	—	0.643	—	—	0.009	—	—	0.010	—

注：* 表示 P<0.05，** 表示 P<0.01，*** 表示 P<0.001。

由表 5-15 可以看出，各变量的 VIF 值均小于 10，可判定模型中的各变量之间的共线性问题并不严重，满足研究要求。回归结果为：模型 1 分析结果显示主动性行为意愿对主动性行为影响显著（β = 0.802，p < 0.001），主动性行为意愿对整体模型的解释度为 0.643，说明主动性行为意愿是主动性行为的重要和主要影响因素；模型 2 分析结果发现感知组织支持、感知组织压力/机会、过去行为经验对主动性行为的影响不显著，整体模型解释度提高 0.009；模型 3 分析结果显示，感知组织支持、感知组织压力/机会、过去行为经验与主动性行为意愿的交互作用中，只有感知组织压力/机会与主动性行为意愿的交互作用对主动性行为的影响显著（β = 0.109，p < 0.05），整体模型解释度提高 0.010。

以上结果表明，假设 8 成立，假设 9 不成立、假设 9.1 不成立、假设 9.2 成立、假设 9.3 不成立。

四 检验结果总结

以上假设检验的结果汇总如表 5-16 所示。

表 5-16　　　　　　　　　　假设检验结果汇总

假设	内容	结果
假设 1	社会认同正向影响职业身份认同	成立
假设 2	社会认同正向影响个人认同	成立
假设 3	个人认同在社会认同到职业身份认同之间起中介作用	成立
假设 4	职业身份认同正向影响主动性行为意愿	成立
假设 4.1	价值认同正向影响主动性行为意愿	不成立
假设 4.2	情感认同正向影响主动性行为意愿	成立
假设 4.3	行为认同正向影响主动性行为意愿	成立
假设 5	职业身份认同正向影响主动性行为	成立
假设 5.1	价值认同正向影响主动性行为	成立
假设 5.2	情感认同正向影响主动性行为	成立
假设 5.3	行为认同正向影响主动性行为	成立
假设 6	角色宽度自我效能感正向影响主动性行为意愿	不成立
假设 7	角色宽度自我效能感正向影响主动性行为	成立

续表

假设	内容	结果
假设 8	主动性行为意愿正向影响主动性行为	成立
假设 9	组织氛围调节主动性行为意愿对主动性行为的影响	不成立
假设 9.1	感知组织支持调节主动性行为意愿对主动性行为的影响	不成立
假设 9.2	感知组织压力/机会调节主动性行为意愿对主动性行为的影响	成立
假设 9.3	过去行为经验调节主动性行为意愿对主动性行为的影响	不成立

第六章 结果分析与对策建议

第一节 结果总体分析

一 职业身份认同的形成机制模型分析

职业身份认同的形成机制模型中,通过理论分析建立了以个人认同为中介的、社会认同对职业身份认同的作用模型。通过实证数据检验,发现该模型的所有假设均成立。其中,社会认同对职业身份认同的直接影响系数只有0.15,社会认同对个人认同的影响系数为0.15,但个人认同对职业身份认同的影响系数有0.72,说明个人认同对职业身份认同的中介作用相比社会认同对职业身份认同的直接作用更为明显,即在考虑职业身份认同的形成问题时,要对个人认同给予更多关注。这一结果同时说明,现代企业中的员工在认知和评价职业身份时非常重视自我价值和自我观念的实现,其对于客观事件的认识受外界影响较小,而比较遵从于个人内心的想法。

二 职业身份认同对主动性行为的直接作用分析

在职业身份认同对主动性行为的作用模型中,建立了角色宽度自我效能感(控制变量)、职业身份认同对主动性行为的直接作用模型,并在职业身份认同对主动性行为的影响中以主动性行为意愿作为中介。实证研究发现,职业身份认同对主动性行为意愿及主动性行为均有影响,但对主动性行为意愿的影响更大,同时主动性行为意愿对主动性行为的影响显著。说明职业身份认同对主动性行为的影响中,主动性行为意愿的中介作用强于职业身份认同的直接作用。这一结果表明，计划行为理论中行为意愿是行为的前因变量的结论是成立的，同时，职业身份认同代表的"想做"更多地影响了"愿意做"（即主动性行为意愿），而员工实际是否会产生主动性行为还受其他因素影响。

更进一步，价值认同对主动性行为意愿影响不显著，情感认同（B＝0.356）、行为认同（B＝0.731）对主动性行为意愿的影响显著且依次增大，而图5－2显示，价值认同与情感认同相关，且第五章的相关分析发现，价值认同、情感认同、行为认同分别与主动性行为意愿有显著相关性，这说明在职业身份认同对主动性行为的直接作用模型中，价值认同通过情感认同影响着主动性行为意愿。因而要促进员工的主动性行为意愿，仅仅有员工对职业身份价值的认可是不够的，价值认同只是员工对职业身份的作用、意义和重要程度的评价和认知，管理者要在此基础上培养员工更深层次的对职业身份的归属感、自尊感才能够促进其主动性行为意愿。该研究结论与Ouwerkerk的研究结论一致[1]，后者的研究发现，情感维度的认同比认知维度和评价维度的认同更能影响工作相关的态度和行为。

同时发现，价值认同（B＝0.127）、情感认同（B＝0.221）、行为认同（B＝0.540）对主动性行为的影响显著且依次增大。联系三者在对主动性行为意愿中的作用的大小，说明在促进员工主动性行为意愿及主动性行为方面，行为认同的作用最为明显，其次是情感认同、价值认同。因为行为认同的内涵和相应的测量量表已经代表了员工准备作出主动性行为的状态，已经处于一种动与不动的临界点，故其能够较好地预测员工的主动性行为意愿及主动性行为。而情感认同是员工附着在职业身份上的情感体验，本研究测度的是自尊感与归属感，一旦员工对自己的职业身份怀有情感认同，便会对维护该职业身份具有强烈愿望，因此愿意为职业身份作出最大努力。而价值认同是员工对职业身份的认知与评价，是相对粗浅和容易改变和引导的，因

---

[1] Ouwerkerk J W, Ellemers N, De Gilder D, "Group commitment and individual effort in experimental and organizational contexts", *Social identity: Context, Commitment, Content*, Oxford: Blackwell Science, August 1999, pp. 184–204.

而价值认同还不足以引起主动性行为意愿（但可以引起主动性行为）。

同时，角色宽度自我效能感对主动性行为意愿影响不显著，但对主动性行为影响显著。这一结论与摸底调研一致，说明现代企业员工在主动性行为意愿方面，更加重视自己愿不愿意做，而较少考虑自己能不能做，因为其认为只要愿意做，是可以通过多种办法（如学习、培训、整合外界资源能力等）弥补不能做的缺陷的。但同时，员工的主动性行为也不是盲目的，其一旦决定要实施主动性行为，便会考虑自己能不能做的问题，即员工的行为是具备理性的。

以上分析说明在研究主动性行为意愿时，需重点关注职业身份认同因素，而在研究主动性行为时，需重点关注主动性行为意愿，其次是职业身份认同，最后是角色宽度自我效能感的作用。

三　组织氛围的调节效用分析

本研究在主动性行为意愿对主动性行为的作用过程中，加入了三个特定组织氛围的调节作用，并建立了相关模型。通过实证研究发现，主动性行为意愿显著影响主动性行为，这一结果也验证了计划行为理论的"行为意愿是行为的重要影响变量"的观点。而研究假设的三个特定组织氛围的调节作用中，只有感知组织压力/机会的调节效应明显，而感知组织支持、过去行为经验的调节效应不明显。由此可见，感知组织压力/机会是企业通过管理措施提高主动性行为的重点。结合上述结果对调查量表进一步分析发现：感知组织支持和过去行为经验是员工自愿体验到的组织氛围，其大小主要受员工主动感知两种氛围的积极性和员工认知能力的影响，所带来的主动性行为属于员工主动型主动行为；而感知组织压力/机会是员工被动体验到的组织氛围，该氛围是企业施加于员工的且员工必须了解的，其所带来的主动性行为属于被动型主动行为。该结果说明，在被调研企业中，只有通过给予员工强制性的管理措施，并满足员工职业发展的某种未来需求，才能促进员工对主动性行为的必要性的认识，才能够让有主动性行为意愿的员工真正实施主动性行为。这一结果也符合中国人喜欢为自己的行为寻求外界原因（即"不是我想做"而是"外界要求我要做"）的特点。同时，根据本书第五章中相关分析的结果，上述三种特定组织氛围与主动性行为意愿、主动性行为均显著相关，并考虑该结果的真实性和代表性可能受到问卷调研题项、方法及调研样本的限制，故对策建议中将以上三种特定组织氛围均纳入考虑（但以感知组织压力/机会为重点）。

第二节　结果对比分析

以上结果的出现针对的是全部样本数据，进一步对表 5-4、表 5-5 的结果进行深入分析，可细化考虑结果背后的如下差异。

一　年龄、工作年限、任现职级年限结果对比分析

（1）年轻员工（新进员工、资历浅的员工）与年老员工（临退休员工、资历深的员工）在个人认同、职业身份认同、主动性行为意愿、组织氛围、主动性行为方面相比均较低。

年轻员工（新进员工、资历浅的员工）由于其成长和生活、学习、受教育的环境有别于年老员工（临退休员工、资历深的员工），因而形成了属于自己的一套职业身份认知。而且，一方面年轻员工（新进员工、资历浅的员工）由于入职时间短，对职业身份的认知还处于模糊期和探索期，因而对职业身份的认知还不成熟，而年老员工处于职业发展的成熟期，其对职业身份认同也较为成熟；另一方面年轻员工（新进员工、资历浅的员工）对现实职业的认知相比其对职业身份的梦想和追求差距较年老员工大，因而出现了个人认同、职业身份认同评分较低的情况。当个人认同与企业发展需求有差别时，该类员工重视的不是企业发展需求，而是个人的发展和职业规划[①]，说明当前企业管理中需重点针对年轻员工（新进员工、资历浅的员工）进行个人认同、职业身份认同的管理提升。

由于组织氛围的影响是长期且潜移默化的，随着员工工作时间和

[①]　牛振喜、宫淑燕：《基于自我认同理论的新生代员工管理研究展望》，《青海社会科学》2013 年第 2 期。

阅历的增加，其对组织氛围的感知会发生变化。在本研究中，年轻员工（新进员工、资历浅的员工）对组织氛围的认知时间是短的、不好的，因而组织氛围评分低。

根据本研究的结果，主动性行为意愿的重要前因变量是职业身份认同、主动性行为的重要前因变量是职业身份认同、角色宽度自我效能感及组织氛围，由于年轻员工（新进员工、资历浅的员工）在这些方面的评价分值偏低，自然主动性行为意愿及主动性行为也是低的。表明在本研究的相关企业进行主动性行为意愿及主动性行为的管理中，需关注年轻员工（新进员工、资历浅的员工）。

（2）新进员工（资历浅的员工）的角色宽度自我效能感比临退休员工（资历深的员工）低。出现该结果的原因在于，新进员工（资历浅的员工）由于从事当前工作的时间不长，对工作的了解和熟悉还不够，因而不能很好地评估自己是否能够完全胜任工作；或者工作中还缺少有价值的成果，因而对自己的工作能力的信心不够高。

（3）年轻员工的社会认同高于年老员工，说明年轻员工的社会关系成员对其职业身份为其带来的现实或未来收益抱有更高期望。需要注意的是，在前面的分析中，年轻员工的个人认同是最低的，这与此处的社会认同高形成反差。这说明年轻员工由于社会知识、就业择业观点的不成熟，其职业身份认同较易受到周围环境的影响，因而，要发挥社会认同的作用还需要重点关注年轻员工。

二 学历结果对比分析

个人认同、社会认同受学历的影响。在所调研的企业中，学历低于专科的员工，其个人认同最高，但社会认同最低，这样的结果表明：该类员工由于就业形势不利，因而比较珍惜得来的工作，但其工作所带来的职业身份的社会认同低，低学历员工在选择职业时，较少受周围环境的影响。而学历为本科的员工，其个人认同得分最低，说明其就业的满意度不高，工作多处于无奈状态，进一步分析所调研的样本企业，发现本科学历员工占54%，是企业员工的主力军，出现该类员工个人认同低的原因，一为就业时的无奈，如迫于生计或他人期望而从事了自己不喜欢的工作（因为本科学历员工的社会认同高）；

二为就业时对所从事的职业缺乏充分了解,而真正投入工作之后才发现与自己内心对该职业身份的认知有差别。博士学位员工的社会认同高,表明该类员工由于受教育程度高,其社会关系成员对其职业期望也相对较高。综上,企业管理中需注意员工是否是基于个人认同而从事该项职业,而对于高学历员工,需充分发挥社会认同在促进员工工作中的作用。

三 职位层次结果对比分析

基层员工的个人认同、社会认同、职业身份认同低于高层员工,后者从内心比较喜欢和认同自己的职业身份,而其社会关系成员对其职业身份的认可度也较高,这种情况说明:高层员工工作时间往往较长,而工作过程中多有较为突出的表现或业绩,因而获得了晋升。高层员工对自己的职业身份的认同经历了较长时间的调整、定位和明确,并不断提升及内化,驱使自己为职业而奋斗。因而虽然表现为高层员工的个人认同高,但从纵向的角度反映出员工对职业身份的个人认同不断提升,并为之而努力奋斗,最后在职业发展的道路上有所成就,获得社会认可。

四 企业类型结果对比分析

在本研究中,私营企业员工的社会认同、职业身份认同、主动性行为意愿、组织氛围均较国有企业员工低。上述结果表明:调研样本中的国有企业员工社会地位高、收入稳定、企业管理相对规范,员工职业晋升通道明确;而私营企业的员工则相反。由于私营企业员工的流动较灵活,且企业经营发展的周期一般不如其他类型企业长,故其员工的社会认同最低,即其社会关系成员对员工的职业身份对员工的意义和作用的认可度不高。要引导和提高职业身份认同,重在私营企业,或国有企业中的除正式编制外的非正式用工,如外聘、代理制员工。[1]

五 部门性质结果对比分析

为了比较同一企业内部不同部门之间的研究结果差异,本研究特

---

[1] 赵文:《多种用工制度下国有企业青年职业发展状况调查及思考》,《经济研究导刊》2012年第31期。

别选取了某典型国企，对其典型部门进行调研和数据分析，出现了如第五章中分析的差异性结果，进一步调研和分析该企业中各部门，得到如下部门差异的原因。

在所调研的企业中，营销部门属于企业的核心部门，企业在招聘和甄选该部门的员工时非常重视人岗匹配问题，营销部门的员工多为员工素质高、工作主动性强的员工，而企业给予的工作条件和待遇也相对较好，故营销部门的员工的个人认同、职业身份认同较高。

客户服务部门的员工从事的是低端的处理客户咨询、投诉的工作，其工作流程比较固定，员工的入职门槛低，福利待遇也低，企业在配置该部门的员工时不太注意人岗匹配问题，某种程度上，会将客服部门作为吸收闲散、遗留人员的部门，因而客户服务部门员工的个人认同、社会认同低。

技术研发部门的员工多为知识型员工，其受教育程度较高，对工作环境条件有较高要求，工作中追求个人发展和个人自我价值实现。[①]因而，当企业外界环境给予的条件不能满足员工上述要求时，员工极易产生职业身份的不认同。

第三节 对策建议

根据前述分析，本研究的三个子模型之间的联系可归纳为：通过个人认同、社会认同的作用提高职业身份认同；而通过职业身份认同的提高，可提高主动性行为意愿；主动性行为意愿又主要影响主动性行为，主动性行为同时受职业身份认同、角色宽度自我效能感和组织氛围影响。因而，在管理实践中，需重点关注三个方面：第一是职业身份认同的提高；第二是主动性行为意愿的提高；第三是主动性行为的提高。依据本书的研究分别提出如下对策建议：

[①] 熊鑫钰、陈德智：《研发人员工作激励与工作稳定性的关系研究》，《科技管理研究》2018年第2期。

一 通过提高个人认同提高职业身份认同

通过前面的分析发现,个人认同是职业身份认同最重要和主要的影响因素。因为个人认同是从个人内心真实想法出发标定或命名自己为某种社会类别(职业身份)以及承诺的过程。本研究认为,个人认同是个人前期的环境和个人认知共同作用的结果,该认同比较稳定和固定,要通过管理手段改变员工的个人认同,短时间内是比较困难的,或者是成本比较高的,所以要注重从招聘环节识别出个人认同高的员工。在企业管理中,须差别对待不同的员工,以便更好地提高其个人认同。根据前面的分析,下述建议中重点针对年轻员工(新进员工、资历浅的员工)、本科员工、基层员工、客服部门员工。

(1)从招聘和甄选环节识别出个人认同高的员工,从而为今后提高其职业身份认同奠定坚实基础。根据素质冰山模型及个人认同的内涵,个人认同是最深层次的个人对待职业身份的态度和看法,具备较强的隐蔽性。个人认同比较难以改变(当然根据本研究的结论,可通过社会认同进行一定程度的改变),是员工稳定而深层次的个人特征,而个人认同又对职业身份认同起到主要作用。要识别出员工的个人认同,可通过行为事件访谈法(Behavior Event Interview,BEI),该方法依据自我知觉理论的思想,通过对员工外部表现的观察记录推测其内心真实想法。再进一步,人力资源管理中需建立每一个岗位的员工素质模型,将个人认同的内容纳入其中,特别是素质模型中处于"水面"以下的部分,需要认真、严格分析和建立标准与需求,在进行人员招聘、甄选时,按照该素质模型的标准,采用 BEI、评价中心技术、专家评价法等方法进行。

(2)重视对员工的职业身份认同引导。根据本研究的结论,通过社会认同的作用可以提高个人认同。同时根据角色理论,角色期望是否清晰取决于当事人获取的角色信息量与角色期望所需要的最大信息量之间的差异[1],差异越大,则角色认知越模糊。由于年轻员工(新进员工、资历浅的员工)处在搜寻或不断吸收职业身份信息的阶段,

---

[1] 奚从清:《角色论:个人与社会的互动》,浙江大学出版社 2010 年版,第 110 页。

其获取的职业身份信息量尚不充分，因而极易出现职业身份认同模糊。对处于职业身份认同的建构期的该类型员工而言，通过向其传输充分的角色信息，帮助其建立明确清晰的职业身份认同是非常必要的。需要明确的是，这里的"充分"不是越多越好，而是适量。如果员工接受关于职业身份认同的不分主次、无关紧要的信息，甚至负面的信息，可能会对其建立职业身份认同产生干扰甚至阻碍。因此，涉及几个问题：选择合适的职业身份认同信息传递者、传输明确的职业身份信息、以正确的方式进行传递。所以在考虑上述问题时，需选择员工信任的人进行信息传递，如员工认可的领导、信任度高的同事、父母、朋友等。信息传递者应当了解和掌握明确的职业身份信息，否则员工接受到的职业身份信息不全面、不到位，就会影响到其后续的职业行为。比如对一位新上任的领导，他知道该岗位的职责权力，上级领导在传递职业身份信息时，如果只传递了"组织很信任你"的信息，而缺乏关于如何恰当地完成职业身份行为的信息，则该员工便会产生职业身份认同的模糊，感到不安、紧张、焦虑等，影响其后续的职业身份行为。传输职业身份认同信息可以是正式渠道，如书面沟通、会议沟通，也可以是非正式渠道，如私下沟通。

另外，需注意当多个信息传递者向员工传递的职业身份认同信息存在矛盾之处时，员工也会感到职业身份认同模糊、无所适从。因而，要注重对沟通者的引导和培训，尽量建立一致的职业身份认同，如果观点有差异，那么也要相互尊重、相互信任、互相支持而不是相互诋毁，沟通团队为员工树立的关于员工的职业身份认同的正面信息，将会促进员工建立正面积极的职业身份认同。

（3）重视将个人认同与员工职业发展通道进行融合。重视引导和提高员工的个人认同，并对个人认同高的员工委以重任，促使其自愿努力工作，之后，在职业发展上给予配合，进一步促进其提高个人认同，最终实现个人认同与职业发展的良性互动，并帮助企业找到主动性强的员工，实现个人发展和企业发展相融合。

二 通过提高社会认同提高职业身份认同

员工职业身份认同形成的过程不仅是个人主动构建的过程，而且也会受到周围环境的影响。Alvesson 和 Willmott 指出,身份建立不仅是个人的事情,也受社会调节。① 因此,研究社会认同对员工的职业身份认同的影响,从而通过影响社会环境调整员工的职业身份认同,使其与工作要求相匹配,是提高组织管理效果的一个可行路径。社会认同的提高可通过以下途径,并重点针对年老员工、低学历员工、私营企业员工、基层员工、客服部门员工。

(1) 社会关系成员向员工表达对其职业身份的期望。首先职业身份的期望要合适,期望过高,员工认为难以达到,很可能放弃职业身份塑造行为,从而使职业身份期望落空;期望过低,对员工没有任何激励或促进作用,反而可能会使员工放松职业行为。因而,需要因岗而异、因人而异建立职业身份期望。

其次,要用适当的方式让员工了解企业对其的职业身份期望,包括价值期望、情感期望、行为期望。可通过以下途径进行:通过对企业发展战略与愿景、任职资格与职位说明书、员工素质模型、员工职业生涯规划等正式文件的学习来了解;也可通过典型事件、典型人物等典型信息的传递使员工对自己的职业身份有具体感受。

传递者可以是工作中的上级、同事等。因为员工的工作需要上级、同事的指导、支持和配合,每个员工都必须在职业行为中履行好自己的职业身份的"权利"和"义务",整个工作才能够顺利完成。所以上述群体对员工的职业身份会产生定位、期待和要求,通过上述群体与员工之间职业身份期待的沟通,可以促进员工理解和定位自己的职业身份,并促进工作的顺利完成。

传递者也可以是生活中的社会关系成员。在角色理论中,观众期望是促进角色行为的重要因素。在本研究中,"观众"是指员工的家人、朋友等关注员工职业身份的社会关系成员。因为这一社会关系成员对员工的职业身份抱有一定的要求和期望,如果员工的职业身份认同及行为与该期望一致,则会受到表扬、肯定等正向激励,否则会遭

---

① Alvesson M, Willmott H, "Identity regulation as organizational control: Producing the appropriate individual", *Journal of Management Studies*, Vol. 39, No. 5, July 2002, pp. 619 – 644.

到挫折。所以，从企业的角度而言，通过组织相应的活动影响和引导员工家人、朋友对员工职业身份的社会认同，从而通过该员工密切社会关系成员群体的力量，影响员工的职业身份认同。从政府和社会的角度而言，需要弘扬正确的就业观，营造公平、良好的就业市场环境。

（2）通过积极的工作反馈让员工获得一种自尊感和工作胜任感，从而帮助员工建立起适应组织需要的职业身份。明确的工作反馈可以让员工明白组织对其的工作定位与要求，从而帮助员工调整和明确职业身份。可通过员工的社会圈子成员，如其领导、同事、家人、朋友向其表达。

另外，本研究认为，社会认同的影响作用应重点向年轻员工、高学历员工、高层员工等社会认同高的员工发挥。通过周围社会环境的影响，促进其提高职业身份认同及主动性行为。如：在新员工入职培训时，要注重引导员工构建初始职业身份认知，使其与组织期望一致。新员工入职之初，是最容易发生职业身份模糊的时期，也是组织帮助其建立正确的职业身份认同的关键时期。对于高学历员工、高层员工，要利用好其重视职业身份的社会认同的特点，将其密切社会关系成员利用起来，向其传播正确的职业身份观点。总之，组织要发挥员工职业身份认同过程中的引导和促进作用，提供相关环境、条件，帮助和引导员工建立正确的职业身份认同。

本研究认为，针对社会认同低的企业或部门，如私营企业，以及国有企业的客户服务部门，一方面要通过社会舆论的引导、企业的宣传树立职业身份正面形象，另一方面，企业内部要建立多元化的人才晋升通道，实行宽带薪酬政策，通过人员配置、培训等提高部门员工的整体素质，从而提高职业尊严、改善职业身份的社会认同。

还有一种情况是，员工的个人认同与社会认同不一致时发生了职业身份认同模糊，甚至职业身份认同冲突。这时需要寻找二者角色期望不吻合的原因，尊重员工内心的真实想法和需求，营造良好的工作反馈机制，充分发挥员工的个人自主性，将个人认同、社会认同与企业工作需求进行匹配才能对职业身份认同重新明确。

三 通过依次提高价值认同、情感认同、行为认同提高职业身份认同

在第五章的相关分析中发现，职业身份认同各维度之间的相关性是很高的，说明价值认同、情感认同、行为认同是相互联系和影响的。另外，前述分析发现，在对主动性行为意愿或主动性行为的影响中，职业身份认同三个维度里影响最大的是行为认同，其次是情感认同、价值认同。由此可以认为，在本研究中，职业身份认同三个维度的作用是逐级递进的，但同时，某一维度认同的提高也有助于提高其他维度的认同。由于价值认同是较为活跃且易变的心理成分，因而可以通过外界干预进行提高。而情感认同是较为稳定、较难改变的心理成分，行为认同是处于从属地位的心理成分，故在对职业身份认同各维度进行提升时，比较合理的思路是：通过管理干预提升价值认同，进而提升情感认同，最后达到提升行为认同的目的。

再进一步，根据本研究的观点，价值认同的三个方面（生存认同、责任认同、发展认同）对员工来说是同时存在的，不同的是因个人年龄、工作年限、企业类型、部门性质、职位层次、任现职级年限的不同，三个方面所占的比重不一样。而员工之所以利用该职业身份进行工作，必然认可职业身份中某一方面或某几方面的价值。所以对于企业管理者来说，要提高价值认同，需要明确员工对以上三个方面认同的构成情况，从而有针对性地进行价值认同提升，并重点针对年轻员工（新进员工、资历浅员工）、私营企业员工、基层员工及技术研发部门，具体方法如下。

（1）重视对员工的职业身份认知培训。第一，传输工作的使命和目标，使员工明白自己工作的价值和意义。根据目标设置理论，个人主动性行为的动机在于员工认为该行为会帮助或满足个人的责任感、目标和追求，因而应完善企业的规章制度，针对每个岗位制定明确的工作内容、工作权利义务、业绩要求等说明，以及应该具有的知觉、态度、情感和相应的行为，并辅之以相关的培训讲解；第二，抓住招聘、调岗、晋升等职业身份发生变更时员工对职业身份认知需求比较大的时机，进行职业身份认知培训；第三，将职业身份塑造和传递融

入日常培训或企业文化建设工作中。如：通过角色模型树立、组织故事等帮助员工树立正确的职业身份认同。可以树立及帮助员工选择与自己的职业身份相同或相近的职业角色模型进行学习，通过组织谈话，以及组织故事的引导，帮助员工实现自我感知，从而实现组织工作角色预期与个人职业角色定义的一致。特别是针对工作表现不主动的员工，或工作满意度低的员工，要通过正式培训和平时引导相结合的方式促进员工建立正确的职业身份认同。

（2）将职业身份认同与绩效管理结合。指在绩效管理过程中对职业身份认同各维度进行评价，明确员工在职业身份认同各维度上的情况，找到不足的维度，明确后续对员工进行绩效改进的目标与方向。职业身份认同也是员工内部认知与外部认知共同作用的结果，因而在进行绩效管理时，注重内在激励与外在激励共同作用以改进其职业身份认同。

（3）将职业身份认同与个人职业生涯发展相结合。将职业身份认同高的员工列为企业的核心员工，对企业来说他们也是职业的价值感、忠诚度、认可度和稳定性最高的员工，其最有可能产生企业需要的主动性行为。所以要通过有效开展职业生涯规划，提高该类员工的福利待遇等提高其对企业的忠诚度和敬业度。

（4）将职业身份认同提高与职业生涯辅导工作相结合。克朗伯兹的社会学习理论（Social Learning Theory）认为，一个人的职业兴趣、价值观是学习的产物，因此，丰富而适当的学习经验非常重要。个人的社会成熟度在很大程度上依赖于对他人行为的学习和模仿，并由此决定他们的职业导向。职业生涯辅导不仅仅是将个人特质与工作需求相匹配，更重要的是强调个人通过参与各种不同性质的活动，获得多种学习经验，以便适应工作中的多种需求，并从中培养个人的自信和职业观。具体如下。

第一，进行职业描述，向员工传递工作内容、薪酬待遇、晋升路径、发展或进修机会、可利用的工作条件、企业需求以及技能要求等信息；第二，进行职业展望，包括职业的劳动力市场状况，本企业状况及发展趋势；第三，进行职业能力测评，通过人格测试、技能测试，以及他人测试和自我测试相结合的方式进行；第四，建立人才测评档案，将职业身份认同情况纳入其中；第五，建立企业岗位信息库，采用自助式方法，让员工自我匹配岗位，对于测试结果显示人岗匹配差异太大的，进行个案分析和辅导，帮助其澄清职业身份认同；第六，通过工作坊提高职业身份认同，如"角色的确认与剥离"工作坊，确认个人的各种角色，并感受和分享剥离某个角色时的感受，从而帮助员工确认职业身份的重要性；再如"未来典型的一天"工作坊，描绘自己对未来某一天的憧憬，进一步明确对职业身份和发展的要求等。

（5）重视细化及区分职业身份认同各维度的构成情况。根据激励理论的原理，本研究中的职业身份认同是员工主动性行为的主要内部动机来源。更进一步分析，职业身份认同所带来的员工某方面需求的满足，才是激发员工主动性行为的真正动力。因而，在管理实践中，需要识别及细分员工职业身份认同各个维度的满足情况，并有针对性地实施激励，如科研人员重视价值认同中的发展认同，追求工作的自主性等特征，因而可以通过宽带薪酬，设立股票期权制度，保证上下级、同事之间良好沟通，实行民主决策等有针对性的策略进行职业身份认同提升。

（6）人员配备上注意依据职业身份认同情况进行搭配。通过员工职业身份认同的测评，对职业身份认同高低的员工进行搭配，注重对职业身份认同各维度高低的员工的搭配，从而通过员工之间的相互影响，以先进带动后进，实现职业身份认同及各维度的共同提高。要注意区分职业身份认同中的几种情况，进行有效的人员配备：个别认同与共同认同，如员工的职业身份认同或某个维度的认同是个别的、特别高或特别低的，还是该认同情况是某一集体中的成员共有的；表面认同与根源认同，该认同是在特定情境下表现出来的（如绩效考核时、领导在场时），还是没有太多情境因素影响，是员工内在的（即个人认同较高的）；体质认同与环境形成的认同，前者是员工由于遗传所决定的神经质、兴奋性，比如主动性人格形成的（主动性）行为认同，后者指通过环境影响而形成的职业身份认同。

（7）注重员工价值认同中各方面的提升。价值认同提升中需注意，第一，对员工比较认同的职业身份价值进行重点提升。具体来说，通过薪酬、福利设计、工作条件改善提高生存认同；通过使命、价值感传输、对员工的尊重和工作的重视提升责任认同；通过职位晋升设计、赋予挑战性工作等提升发展认同。第二，促进员工提升比较薄弱方面的职业身份价值认同。如：某员工的职业身份认同中的价值认同仅为生存认同，则需要提升其责任认同和发展认同。可借鉴ERG理论中"受挫—回归"的观点，即当员工的生存认同不能得到完全满足时，会转而追求其他方面的认同。具体来说，可以弱化生存认同激励中的薪酬、福利、工作条件等，而通过强化责任认同、发展认同激励中的责任感、忠诚度、个人发展等来达到转化和强化员工价值认同中弱项的目的。

四　从职业身份认同的提高促进主动性行为意愿

在本研究中，职业身份认同是影响主动性行为意愿的重要因素，而角色宽度自我效能感对主动性行为意愿的作用不明显。由于前面已经针对职业身份认同的提高提出了相应的对策建议，故此处分析的是其他方面的对策建议，并重点针对年轻员工（新进员工、资历浅的员工）、私营企业员工、基层员工及客服部门员工。

在本研究中，主动性行为意愿是一种态度，而态度影响行为。归因理论认为，人的内在思想指导和推动着人的行为，因而可以通过改变人的思想达到改变人的行为的目的。在管理实践中，可以通过改变或促进态度进而改变或促进行为。

（1）根据学习理论，即20世纪四五十年代霍夫兰德（Hovland）主持的耶鲁大学沟通计划的研究结果，态度的形成和改变是一种学习的过程，当引导一个人作出新反应的诱因大于作出旧反应的诱因时，态度就会发生改变。因而在企业管理中，需要通过不同方式的培训和学习来改变或提升员工态度，如干中学、同事间学习交流、榜样学习等。

（2）利用情感化管理促进主动性行为意愿。情感因素是员工行为的重要动机来源，是管理者可以利用的重要非权力因素。因而在管理中应注重探究员工的内心世界，与员工真诚沟通，显示对员工的信任、尊重、关心等，了解员工对于主动性行为的期望和要求，以及对于主动行为的顾虑和担忧，诚心诚意表扬员工的主动性行为，春风化雨般关心员工，从而让其体会到自身的价值，提高自信、自尊和自我效能感，增强对企业的归属感，进而提高企业主动性行为意愿。

（3）现代管理研究认为，工作的趣味性和玩兴（playfulness）是促进当今新生代员工工作动力的一大因素。玩兴促进工作满意度[①]、创造力发挥[②]，企业应创造轻松有趣的工作氛围，进行玩兴导向的工作设计，从而与带有"享乐与个性"标签的新生代员工匹配（如盛大集团设置的游戏通关式的晋升体制、Target 超市的积分竞赛式的结账工作设计、Google 公司 20% 的自由探索的工作时间），从而促进新生代员工的工作兴趣和主动性行为意愿。

根据本研究的结果，主动性行为的影响因素由大到小分别为：主动性行为意愿、职业身份认同、角色宽度自我效能感、组织氛围。因而可以通过提高或改善以上四个方面的因素，进而达到促进员工主动性行为的目的。由于上述已经对职业身份认同和主动性行为意愿的提高提出了相应的对策建议，故后续重点描述如何通过角色宽度自我效能感和组织氛围促进员工的主动性行为。

五　通过提高角色宽度自我效能感提高主动性行为

角色宽度自我效能感体现的是员工对能够有效实施主动性行为的能力预期，其影响了员工实施主动性行为的动力。根据前述影响角色宽度自我效能感的因素，企业可从以下方面提高员工的角色宽度自我效能感，并重点针对新进员工、资历浅员工、基层员工及技术研发部门的员工：

（1）通过周围同事、领导的肯定和正向激励，提高员工的角色宽度自我效能感。根据皮格马利翁效应（Pygmalion Effect），应增加对员

---

① 余嫔、吴静吉、陈以亨、区衿绫：《不同年龄男女专业工作者之玩兴与工作创新》，《教育心理学报》2011 年第 3 期。

② 聂晶、卢新怡：《玩兴与创造：基于个体和组织视角分析》，《中国科技论坛》2016 年第 3 期。

工的赞美、信任、鼓励和期待，从而增强员工对自身的期待，提高自我价值感和角色宽度自我效能感。

（2）通过工作设计提高员工的角色宽度自我效能感。具体为：对员工工作的授权与信任；工作内容与员工能力的契合，注意将工作技能的多样性、任务的完整性、重要性、自主性与员工能力进行匹配；设计工作的反馈机制，强调对员工工作结果和过程的关注及支持；丰富工作内容；扩展工作内容；进行工作轮换、弹性工作设计，提高员工对自身工作能力的锻炼和认识；适当安排本职工作以外的工作，并支持员工顺利完成该工作，逐步增加工作的难度和挑战性。

（3）倾听员工的声音，对于员工提出的建议给予重视，有利于工作的建议能够采纳实施，从而增强员工对自我工作能力的肯定。

（4）通过对与员工类似的他人的工作能力的肯定，引导员工对比并提高角色宽度自我效能感。通过组织活动，如技能评比、比赛等，创造员工之间相互比较的机会，从而提高其角色宽度自我效能感。

六　通过组织氛围改善提高主动性行为

根据本研究的结果，内生激励因素主要通过作用于职业身份认同进而影响员工的主动性行为意愿及主动性行为，外生激励因素主要通过作用于组织氛围进而影响员工的主动性行为。Kirman 认为个体不完全依据自身利益原则选择行为，而是通过参与不同的社会群体、通过该群体的社会规范和行为准则来塑造个人品格与期望的自我形象。[①] 即个人行为不仅来自个人偏好，也来自社会期望，这与归因理论中将人的行为产生归因于情景（外部客观因素）和个人倾向性（个人自身特点）的观点是类似的。因此，让员工感受到组织的主动性行为氛围是影响员工主动性行为的重要途径。以下对策建议重点针对年轻员工（新进员工、资历浅的员工）、私营企业员工、基层员工及客服部门员工。

1. 通过感知组织压力/机会促进主动性行为

根据实证研究的结果，感知组织压力/机会是员工主动性行为的

---

① 王爱君：《身份经济学研究述评》，《经济学动态》2011 年第 10 期。

主要外部动机来源。因而在管理实践中，需研究企业应给予员工怎样的压力/机会，该压力/机会将会满足员工什么方面、哪一层次的需求，该如何给予该压力/机会等问题，从而激发员工的主动性行为。根据前述研究，绩效考核、薪酬制度、晋升制度是员工比较看重的，此外还有与其自身利益密切相关的企业管理制度，因而针对上述方面进行施压和给予员工机会是比较合适的。

（1）绩效考核施压和给予机会。根据强化理论的观点，外部刺激影响和改变人的行为，而绩效考核是重要的压力/机会源，因而企业需完善考评—强化机制，将考评结果与员工的奖励、未来发展的机会等挂钩，并注意考核方案切实执行。强化理论认为，针对不同难度的行为应该给予程度不同的强化，且要注意强化的持续性，因而需要根据员工主动性行为的差异合理设置奖励，除了物质和荣誉等奖励外，还可以配合员工在主动性行为方面的突出表现，给予其培训、进修甚至提拔的机会。

（2）薪酬制度鼓励。薪酬福利设计充分考虑员工的主动性行为，特别是对于自发自愿为企业工作并获得良好业绩的员工，给予充分的回报；考虑对员工个人纵向对比和与他人横向对比工作付出与所得比较后的公平感；对于工作主动性强、企业需要长期留住的核心员工，考虑设计股权激励。

（3）晋升制度体现对主动性行为的重视。晋升通道的设计与实施注重与主动性行为相关，例如：根据工作需要，对主动性强的员工给予更多晋升和发展的机会，对主动性强的员工赋予更多从事挑战工作的机会，从而锻炼和提高员工的工作能力，为晋升做好准备，并结合员工工作结果的考核实施晋升。

2. 通过感知组织支持促进主动性行为

组织支持理论采用组织拟人化思想，认为员工与企业之间存在社会交换和互惠原则。即组织对员工的帮助和支持会促进员工对组织的积极反馈，在本研究中体现为上级支持、同事相互促进、管理方法与制度鼓励、企业文化建设等方面促进员工主动性行为。

（1）上级的支持。领导鼓励、支持是主动性行为的主要推手。特别是直接主管,应关心员工的发展和能力提升,理解和支持员工的主动性行为,适当平衡员工和公司的利益,为员工主动性行为创造空间。因而,在管理实践中,对于主动性需求较强的工作,采用命令控制型与赋能授权型相结合的领导方式,特别针对新生代员工,采用民主式的专业权威型领导以激发年轻员工的主动性和创造性。对于主动性行为意愿较强的员工,给予充分授权,并为其规划充足的晋升机会。如:员工可以尝试不同的职业发展方向;企业提供多样性的工作任务来帮助员工提升技能;对出色的工作给予认同和表扬等。

(2) 同事的支持。根据社会促进理论(Social Facilitation),个体身边的群体会影响其行为。同事的支持与领导支持一样是必要的。同事间相互关照、支持、鼓励主动性行为,形成良好的工作氛围,会打消员工对主动性行为的顾忌,促进员工产生主动性行为。

(3) 管理方法与制度鼓励。采用目标管理思想进行员工工作管理。与员工沟通后共同制定明确的工作目标,并配备相应资源和提供必要帮助,工作过程充分发挥员工的自主权(自主工作、自主决策、自主时间),激发员工工作的积极性。

(4) 利用印象管理(Impression Management)相关方法促进主动性行为。印象管理指的是员工会根据行为所处的情景或人际背景来表现自己,而力求给予对方良好印象①,而上级是员工印象管理的重要目标②。为了利用好员工的这种行为动机,管理者可以开展如下工作:从积极印象管理动机的角度,向员工表达对主动性行为的期望、对于主动性行为强的员工给予奖励,向员工传输对主动性行为的有价值的评价,如彰显员工的工作能力、工作态度、工作方式等,并表达其对员工后续发展的意义;从消极印象管理动机的角度,有意弱化对员工主动性行为的印象,实践证明,员工认为留给管理者的印象与自己期望留给管理者的印象之间的差异越大,则员工进行印象管理(此处指

---

① Goffman E, "The presentation of self in everyday life", *Three Penny Review*, Vol. 21, No. 116, 2009, pp. 14 – 15.

② 向常春、龙立荣:《参与型领导与员工建言:积极印象管理动机的中介作用》,《管理评论》2013 年第 7 期。

第六章 结果分析与对策建议 | 161

主动性行为)的动机越大。印象管理中倡导适度使用,即要避免员工过分使用印象管理,从而导致领导在与不在的两面性主动性行为,因而要全方位了解员工主动性行为信息,特别是同事甚至家人对其的评价,且是在日常工作中的表现,做到公平评价。另外,要传输正确的主动性行为价值观,不要认为主动性行为是讨好甚至巴结,或被其他员工认为是别有用心(或许能够解释为什么感知组织支持、过去行为经验对主动性行为的调节作用不显著,但高度相关),有时候,不是员工不能实施主动性行为,而是认为该行为不恰当或不符合员工的行为价值观,因而,印象管理中需要因人而异诱导和刺激主动性行为。

(5) 人职匹配。工作要求与职业身份认同相匹配,对于主动性要求比较高的职位,选择职业身份认同高的员工,特别是行为认同高的员工;工作报酬与主动性行为相匹配,不唯结果,而适当看重过程,即改变传统工作报酬仅与工作结果产出挂钩的做法,而重视员工工作过程中的主动性(尽管短期内没有业绩或业绩为负);人与人相匹配,重视人员搭配,通过员工之间的相互配合、鼓励促进主动性行为;岗位与岗位匹配,工作之间要权责有序,灵活高效,特别是对企业发展非常重要的、又特别需要发挥员工主动性行为的工作,如市场开发、研发等工作,或某些项目性工作、需要各职能部门通力配合的工作,在岗位与人员配备时,需要考虑将职业身份认同高的员工组合到一起,从而促进工作模块间的相互配合和促进,增强工作效率。

(6) 塑造鼓励挑战和突破的企业文化。创造条件让员工有机会做其擅长的事,让员工在工作中能够充分发挥自己的特长和技术,如采用 OKR 管理法;能够获得有效完成工作所需的资源(如资料、设备、技术);有充足的机会获得有挑战性的任务。另外,还要塑造一种宽容的企业文化氛围。由于主动性行为是一种风险性行为,因而企业要正确对待员工主动性行为的后果,特别是不良后果。根据挫折理论,阻碍人们发挥积极性的一大原因是行为受挫,而受挫的原因分为外在社会因素和内在个体因素;因而企业文化塑造中需要做到:对主动性行为采取宽容的态度;帮助员工提高对主动性行为的认知;改变管理环境,提高员工对主动性行为的作用和效果的感知;帮助员工提高主动性行为的能力等。

3. 通过过去行为经验促进主动性行为

过去行为经验是员工对主动性行为效能的最直接的感受，员工通过对他人或自己的过去主动性行为及后果的评价来确定今后是否还采取主动性行为。情绪事件理论（Affective Events Theory，AET）也提出了相同的观点。情绪事件理论由 Weiss 于 1996 年提出，强调了由工作事件引起的员工的情绪体验，该情绪体验会影响员工的工作表现及满意度。[1] 积极的情绪体验导致积极的工作行为[2][3]，反之则导致消极的工作行为[4]。情绪事件来自过去行为的情绪痕迹，要促进员工的主动性行为，需要给予员工积极正向的主动性行为情绪事件。因而，企业管理中需要注意对主动性行为的激励措施的设计和实施。在激励的绝对值方面，根据期望理论，要评估员工对企业配套激励的效价与期望值，同时要注意相同激励的效价可能会改变（一般来说会递减），期望值是完成任务的可能性，相同的工作任务，期望值因人而异，但针对某一个人，同一任务的期望值一般是递减的（根据学习曲线原理，有前期经验，故实现起来更为容易），从时间维度上来说，过去行为与现在行为相比，相同激励政策下，效价降低，期望值降低，总体激励力度降低，因此要适当提高激励力度或改变激励内容，同时注意实施非规律性激励，以防止主动性行为的内部动机转化为外部动机。在激励的相对性方面，根据公平理论的要求，要注意与员工过去的奖励

---

[1] Weiss H M, Cropanzano R, "Affective events theory: A theoretical discussion of the structure, causes and consequences of affective experiences at work", *Research in Organizational Behavior*, Vol. 18, No. 3, January 1996, p. 74.

[2] Shaw T, "The emotions of systems developers: an empirical study of affective events theory", paper delivered to Proceedings of the 2004 SIGMIS Conference on Computer Personnel Research: Careers, Culture, and Ethics in a Networked Environment, 2004, Tucson, AZ, USA, April 22 – 24, 2004.

[3] Wegge, Jürgen, Dick R V, Fisher G K, et al, "A test of basic assumptions of affective events Theory in call centre work", *British Journal of Management*, Vol. 17, No. 3, March 2006, pp. 237 – 254.

[4] 成瑾、曹婷：《基于情绪事件理论的员工非理性外部揭发机理研究》，《中国人力资源开发》2018 年第 2 期。

形成纵向对比；注意员工与他人的横向对比，确保公平，如：过去的某一主动性行为得到了 100 元的奖励，再次出现时应注意：第一，该奖励不是每次出现相同的主动性行为都要给予的，而且不是只针对某个人的；第二，该奖励的内容不是每次都是金钱，可改变为口头表扬；第三，即使给予金钱奖励，也不是每次都是 100 元，可多可少，从而提高主动性行为带来的公平感、成就感、满足感。

需要注意的是，如果企业对某一主动性行为给予过承诺，则当员工实现了主动性行为的工作目标时，企业必须履行对员工的承诺，包括对员工本人或他人的承诺，以提高员工的过去行为经验体验，使员工对其公司的未来发展充满期待。

在组织氛围管理方面，需要特别提一下对年轻员工的管理。年轻员工有很强的自我意识，企业要努力为其营造良好的工作环境，分配富有新鲜感及多样化的工作，发挥其自主性。同时，年轻员工重视工作与生活的平衡，重视工作兴趣的培养，喜欢快乐而随性的生活，从工作中获得充实感和成就感，因而工作氛围中要注重家庭氛围的塑造，如不拘泥于刻板的上下班时间和内容，可安排丰富多样的活动，重视工作带来的乐趣，与年轻员工的价值观、特长的匹配程度，激发年轻员工的工作热情。在激励方面，年轻员工和年老员工面临一样的生活成本压力，因而需一样重视薪酬福利待遇设计，但同时要注意年轻人对于薪酬福利的短期期望相对理性，年轻员工更加看重企业的品牌、知名度，更加渴望从长远角度获得职业发展空间、工作经验和社会网络。企业在激励方面要注意满足年轻员工的偏好，以便激励其愿意承担挑战性工作，主动发挥个人特长和创造性，为企业带来利益。在领导方式方面，年轻员工不喜欢受到太多上级的领导和控制，以及被动性地完成工作，不畏惧权威，但对于具有良好修养和领导能力的上司，会比较崇拜。因而，在对年轻人进行主动性行为激发时，要注重上司的选择。另外，作为年轻人的上司，要多创造和提供其职业发展的机会，从而促进年轻员工的主动性行为。

第七章 研究结论、贡献与展望

第一节 研究结论

本研究在计划行为理论的"行为意愿是行为的重要前因变量"、角色认同理论的"角色认同决定角色行为"、激励理论的"动机影响行为"相关观点的基础上,针对主动性行为的特殊性,建立了以职业身份认同作为最重要的前因变量,以角色宽度自我效能感作为前因控制变量、主动性行为意愿作为中介变量、组织氛围作为调节变量的模型,解释了员工职业身份认同对主动性行为的赋能机制。实证研究结果发现:(1)职业身份认同受个人认同、社会认同的影响;其中个人认同的影响大于社会认同;社会认同影响个人认同。(2)职业身份认同可细分为价值认同、情感认同、行为认同三个维度,并可用本研究开发的量表分别进行测度。(3)职业身份认同是主动性行为意愿的主要影响因素。其中情感认同、行为认同对主动性行为意愿的影响显著,而价值认同对主动性行为意愿的影响不显著。(4)职业身份认同正向影响主动性行为。其中价值认同、情感认同、行为认同对主动性行为的影响均显著。(5)角色宽度自我效能感对主动性行为意愿的影响不显著。(6)角色宽度自我效能感正向影响主动性行为。(7)主动性行为意愿正向影响主动性行为。主动性行为的重要影响因素是主动性行为意愿,其次是职业身份认同。(8)组织氛围在主动性行为意愿对主动性行为的作用中起到调节作用。其中,组织氛围中的感知组织压力/机会的调节作用明显,而感知组织支持、过去行为经验的调节作用不明显。

综上，可得到本研究的主要结论为：

（1）职业身份认同是员工主动性行为的主要内部动机。职业身份认同主要通过主动性行为意愿的中介作用影响了主动性行为，同时职业身份认同对主动性行为也有直接影响作用。

（2）从主动性行为的外部动机来说，感知组织压力/机会是导致员工主动性行为的最重要的管理情景因素。

本书厘清了从职业身份认同到员工主动性行为之间的影响因素、影响路径，以及各因素影响力的大小，明确了员工从职业身份认同这一思想意识到主动性行为的赋能机制，为企业管理中促进员工主动性行为提供了理论指导和操作路径。相关研究成果可以被应用到企业管理中的招聘与甄选管理、员工培训、绩效管理、薪酬管理、职业生涯规划、职业生涯辅导、领导与管理方式、工作设计与反馈、人员配备、企业文化建设、印象管理等领域，并可衍生应用到企业典型主动性行为的管理中，如创新行为、主动学习行为、建言行为等；以及对于主动性行为需求较强的人员或岗位的管理中，如科技研发人员、市场人员等。

第二节　贡献与启示

一　理论贡献

（1）构建了职业身份认同的形成机制模型，明确了职业身份认同的结构层次。深入研究了职业身份认同的内涵、影响因素和形成机制以及构成。明确清晰地界定了职业身份认同这一构念的内涵；构建了个人认同、社会认同与职业身份认同之间的作用关系模型。充分考虑中国式管理情景下社会因素对个人认知评价的影响，将个人和社会因素结合，建立与职业身份认同之间的作用模型，更好地解释了职业身份认同的形成原因；在理论分析基础上将职业身份认同划分为价值认同、情感认同、行为认同三个维度，并建立了职业身份认同的相关测度量表，分别进行了三个维度在模型中的影响研究。

（2）构建了职业身份认同对主动性行为的直接作用机制模型。加入角色宽度自我效能感这一新的更具切合度的控制变量，以及主动性行为意愿作为中介变量，构建新的理论模型，用于解释员工从职业身份认同到主动性行为之间的作用机理。从个体内生性动因角度进行研究建模，该模型修正了计划行为理论、角色认同理论在职业身份认同与主动性行为中的特定应用，对于企业管理和提高员工的主动性行为提供了新的视角和途径。

（3）构建了组织氛围在主动性行为意愿对主动性行为作用中的调节作用模型。将组织氛围具体化为三个特定氛围，即感知组织支持、感知组织压力/机会、过去行为经验，并分别研究了三者在模型中的影响作用大小。融入激励理论的思想，将职业身份认同、角色宽度自我效能感代表的内部动机和组织氛围代表的外部动机相结合，建立相关理论模型，解释了员工最终产生主动性行为的原因。

（4）本书最终在理解、应用前人研究的基础上建立了员工职业身份认同对主动性行为的整体作用机制模型。探索了计划行为理论、角色认同理论、激励理论等相关理论的有关结论在该模型中的适用性，并将上述理论进行融合和创新，建立了本研究的整体模型，进一步通过研究解释了模型中各构念的作用及大小，揭示了员工职业身份认同对主动性行为的影响路径。

二 管理启示

本书从自我和微观角度剖析影响员工主动性行为的动因、研究员工职业身份认同的影响因素，从促进员工职业身份认同、提高员工角色宽度自我效能感、构建主动工作氛围的角度提升员工的主动性行为。由于主动性行为的自发性、自愿性特点，使激励过程中要选择内部激励为主、外部激励为辅的方式，为现代企业管理中提高员工的主动性工作行为提供了新的视角和途径。本研究主要的管理启示如下：

（1）从职业身份认同角度解释、预测、干预员工的主动性行为意愿及主动性行为。指导企业在员工管理的关键环节，如招聘与甄选环节、激励环节注重对员工职业身份认同的测量和利用，从而发现了除传统经济手段、金钱激励外更深层而持久地促进员工主动性行为的核心内在因素。在新时期员工职业观发生变化的情景下,用员工的职业身份认同及各维度的测度值代表员工从事当前工作及更广泛的主动性工作的可能性更具科学性。由于职业身份认同是深层次的职业认同,是员工忠于职业的表现,用其表达员工的职业忠诚,更具持久性。特别在当前员工职位变动便利的情况下,用职业忠诚代替职位忠诚更具说服力。

(2) 重视个人认同在促进主动性行为中的重要性。提高员工的主动性行为最为高效的方法是在选人用人环节识别和利用个人认同高的员工,并以社会认同为辅促进职业身份认同提高。

(3) 在日常的人力资源管理工作中,针对年轻员工(新进员工、资历浅的员工),以提升员工的职业身份价值认同为切入点,带动提升职业身份情感认同、行为认同;针对年老员工(临退休员工、资历深的员工),其员工职业身份价值认同较为固化或短时难以改变,特别当其价值认同较低时,仍可以利用其情感认同或行为认同高的特点来促进其主动性行为。

(4) 对员工施加压力、给予机会是最好的促进员工主动性行为的管理方式。"胡萝卜加大棒"式的管理方式在促进员工主动性行为的管理中效果最为明显。

第三节 研究不足及展望

从研究模型细化方面,本研究的后续研究可对价值认同的三个维度,即生存认同、责任认同、发展认同的数据进行再进一步深入挖掘,细分各个维度上员工主动性行为的差异。后续研究可对被动型主动行为与主动型主动行为进行区分研究。

在理论借鉴方面,可将身份经济学(Identity Economics)相关原理应用到本研究模型的建立中,身份经济学认为,组织性质及对员工身份的定义能增进行为。该理论强调从理性经济人的角度确立自我身份以及由此给自己带来的收益是形成职业身份认同及产生相应行为（包括主动性行为）的重要原因，因而后续研究中可以该理论为基础，拓展新的研究成果。

在研究方法方面，本研究的量表项目及选项可能存在社会称许性问题。本研究采用自我报告式调研，测量的态度是一种外显态度，而内隐态度对行为的预测更为准确，因而后续须开发出能够测度职业身份认同内隐态度的高信效度工具，比如采用访谈、观察、试验等方法作为补充，从而更好地对模型进行解释和修正。而针对主动行为的数据获取应该扩展，用实验法、工作日志法，采用量化数据，如从事某项主动性行为的频率、次数等进行客观度量，并且采用纵向追踪研究记录其动态变化。针对本研究中出现的部分组织氛围（感知组织支持、过去行为经验）的调节效应不明显的问题，也应进一步改进相应量表，必要时采用非本书所采取的个人层面的测度量表，而采用组织层面的测度量表。

从研究对象角度，本研究没有严格区分员工类型，后续研究中可以从以下维度细化研究：（1）从职业身份认同与角色宽度自我效能感的角度进行划分。员工可被划分为四类：职业身份认同高而角色宽度自我效能感高的员工（高意愿高能力）、职业身份认同高而角色宽度自我效能感低的员工（高意愿低能力）、职业身份认同低而角色宽度自我效能感高的员工（低意愿高能力）、职业身份认同低而角色宽度自我效能感低（低意愿低能力），分类细化深入研究四类员工如何提高其主动性行为。（2）根据职业身份认同的程度可将员工分为 X 型员工与 Y 型员工，可分类对比研究两类员工从职业身份认同到主动性行为之间的动力机制。（3）针对本研究中发现的问题较突出的典型员工进行深入研究。（4）获取更全面而广泛的研究样本。对本研究缺乏的来自全国各地特别是经济发达地区、外资企业等样本以及本研究欠缺的行业类型样本如农林牧渔业、建筑业、饮食业等行业，进行更广泛的覆盖和获取。

本研究模型适用于主动的理性行为，而工作中也会有主动非理性行为，如特殊情况下比如战争、火灾、地震等应急情况下的主动非理性行为；或者由于身体原因、社会环境造成的习惯性主动行为，如上班抽烟、打瞌睡等，本书提出的模型在上述情况下是否成立有待进一步验证。

附录1　摸底调研提纲

调研提纲

您好！首先感谢您在百忙之中参与、支持本次调研工作。本调研的目的：调查职业身份认同与员工主动性行为的关系。本调研采用匿名方式填写，所有选项无对错之分，请您按照个人理解如实填写！我们郑重承诺：本调研所得信息只用于学术研究，绝不外传！

基本信息

企业名称：_____　您的职位：_____

企业性质：□国有企业　□集体企业　□股份合作企业　□联营企业　□私营独资企业　□私营合伙企业　□私营有限责任公司　□外资企业

性别：□男　□女

年龄：□≤30岁　□31—35岁　□36—40岁　□41—45岁　□46—50岁　□>50岁

文化程度：□本科　□硕士　□博士　□其他_____

工作年限：□≤10年　□11—15年　□16—20年　□21—25年　□26—30年　□>30年

任现职级年限：□0—5年　□6—10年　□11—15年　□16—20年　□21—25年

概念解释

主动性行为：自发启动并主动克服困难，以达到某一目标的行为。

职业身份认同：个人对职业中的自我的概念界定，并能将这种界定的结果加以运用。

个人认同：个人主观上的对自身职业身份的认同。

社会认同：您感受到的社交圈子成员，包括领导、同事、朋友、家人等对您的职业身份的认同。

调研内容

1. 您认为员工主动工作是否是现代企业管理中的重要问题？是□ 否□

是否是管理难题？是□ 否□

2. 您所在的企业中，什么工作需要发挥员工的主动性（可列举典型事件）？

3. 您所在的企业中，员工做什么事情比较主动（可列举典型事件）？为什么？

4. 您所在的企业中，员工主动性强的表现形式是什么？（如：主动加班、建言……）

5. 请描述一位您认为工作比较主动的员工，他是如何主动工作的？他的主动是企业要求（被迫）还是自己意愿（自发）？被迫□ 自发□

6. 您所在的企业中，工作主动性强的员工具有什么特征？

7. 您对目前的职业身份的个人认同如何？低□ 中□ 高□

8. 您周围的领导、同事、朋友、家人

（1）对您目前的职业身份的认同（即社会认同）如何？低□ 中□ 高□（若以上人员的意见有分歧，请详细说明）

（2）他们对您的职业身份的看法会否影响您的个人职业认同？会□　不会□

9. 个人认同和社会认同中，最终会影响您的职业身份认同的是？（多选）个人认同□　社会认同□

10. 您的工作经历中，是否有职业身份的变化？有□　没有□

若有，请举例说明您的职业身份的变化如何影响了您的主动性行为？

11. 您的主动性工作行为的变化主要是由您对该职业身份的认同引起的吗？是□　否□

若不是，那么其他原因是什么？

12. 如果您遇到下列职业身份变化，您觉得哪种变化会影响您的主动性工作行为（请按影响力由强到弱的顺序排列）_____

A. 职位调整。从个人认同度高的职位调整到个人认同度低的职位（如有可能，请举例）

B. 职位调整。从个人认同度低的职位调整到个人认同度高的职位（如有可能，请举例）

C. 职位调整。从社会认同度高的职位调整到社会认同度低的职位（如有可能，请举例）

D. 职位调整。从社会认同度低的职位调整到社会认同度高的职位（如有可能，请举例）

E. 从临时雇佣转变为正式雇佣。

F. 其他_____。

13. 以下职业身份认同情况中，您对哪一种职业身份对应的工作会更主动？

A. 职业身份的个人认同高，社会认同低□

B. 职业身份的个人认同低，社会认同高□

14. 如果某职业身份的社会认同和个人认同都高，但是您认为您的工作能力不能很好完成相应工作，那么您还愿意主动去完成这些工作吗？愿意□ 不愿意□ 请给出原因：

15. 如果您对自己的职业身份非常认同，而且您对自己的工作能力非常自信，那么您想主动完成该职业身份相应的工作吗？想□ 不想□ 您会主动去做吗？会□ 不会□ 如果不会，那么是什么因素影响了您的决定？（最好举例）

16. 假设您非常愿意主动工作，那么请将以下因素中您认为会最终决定您主动工作的因素进行排序（按由强到弱的顺序）＿＿＿＿＿＿

A. 企业鼓励 B. 上级期望 C. 同事评价 D. 工作氛围 E. 工作压力 F. 个人能力评估 G. 家庭期望 H. 家庭压力 I. 朋友期望

J. 过去行为经验（即观察他人或自己经历过的主动性行为带来的结果）

K. 其他＿＿＿＿＿＿

衷心感谢您的配合！

附录2 摸底调研企业及人员名单

编号	企业名称	国民经济行业分类	产业分类	企业类型	调研对象
1	昆明＊＊家政服务有限公司	居民服务、修理和其他服务业	第三产业	私营企业	总经理1人
2	昆明＊＊传媒有限公司	租赁和商务服务业	第三产业	私营企业	总经理1人
3	昆明＊＊餐饮管理有限公司	住宿和餐饮业	第三产业	私营企业	总经理1人
4	昆明＊＊园艺有限公司	农林牧渔	第一产业	私营企业	副总经理1人
5	昆明＊＊网络科技有限公司	批发和零售业	第三产业	私营企业	运营总监1人
6	昆明＊＊经贸有限公司	制造业	第二产业	私营企业	董事、经理1人
7	沾益县＊＊生态农业综合开发有限公司	制造业	第二产业	私营企业	总经理1人
8	昆明＊＊招聘广告有限公司	租赁和商务服务业	第三产业	私营企业	总经理1人
9	楚雄＊＊农产品开发有限公司	农林牧渔	第一产业	私营企业	总经理1人
10	红河州＊＊山泉水业有限公司	制造业	第二产业	私营企业	董事长1人
11	昆明＊＊科技有限责任公司	信息传输、软件和信息技术服务业	第三产业	私营企业	总经理1人

续表

编号	企业名称	国民经济行业分类	产业分类	企业类型	调研对象
12	昆明**健康咨询有限公司	租赁和商务服务业	第三产业	私营企业	技术总监1人
13	**艺术学校	教育	第三产业	私营企业	校长1人
14	嵩明**农业发展有限公司	农林牧渔	第一产业	私营企业	总经理1人
15	云南省建水**文化产业有限公司	制造业	第二产业	私营企业	总经理1人
16	红河**农业开发有限公司	制造业	第二产业	私营企业	总经理1人
17	云南**企业管理有限公司	批发和零售业	第三产业	私营企业	总经理1人
18	昆明**文化传播公司（**香水博物馆）	制造业	第二产业	私营企业	副总经理1人
19	景洪**牧业有限公司	农林牧渔	第一产业	私营企业	总经理1人
20	云南**科技有限公司	批发和零售业	第三产业	私营企业	总经理1人
21	昆明**餐饮管理有限公司	住宿和餐饮业	第三产业	私营企业	总经理1人
22	昆明**母婴护理服务有限公司	居民服务、修理和其他服务业	第三产业	私营企业	总经理1人
23	昆明**教育信息咨询有限公司	教育	第三产业	私营企业	总经理1人
24	曲靖市**家政服务有限公司	居民服务、修理和其他服务业	第三产业	私营企业	总经理1人
25	东莞市轨道交通有限公司	交通运输	第三产业	国有企业	工程部部长1人，员工1人
26	Intel公司	信息传输、软件和信息技术服务业	第三产业	外资企业	区域经理1人

续表

编号	企业名称	国民经济行业分类	产业分类	企业类型	调研对象
27	云南电网公司	电力、热力、燃气及水生产及服务业	第二产业	国有企业	局长1人、主任1人、科长2人、专责2人
28	胜利油田新大通石油技术有限责任公司	电力、热力、燃气及水生产及服务业	第二产业	国有企业	副总经理1人、员工2人

附录3　预调研问卷

调查问卷

您好！首先感谢您在百忙之中抽出时间支持本次问卷调查。本问卷主要调查职业身份认同与员工主动性行为方面的相关情况。本调查采用匿名方式填写，所有选项无对错之分，请您按照个人情况放心填写！我们郑重承诺：本问卷只用于学术研究，绝不外传信息！

基本信息：

性别：□男　□女

年龄：□≤30 岁　□31—35 岁　□36—40 岁　□41—45 岁　□46—50 岁　□＞50 岁

文化程度：□专科　□本科　□硕士　□博士　□其他_____

工作年限：□≤5 年　□6—10 年　□11—15 年　□16—20 年　□21—25 年　□26—30 年　□＞30 年

所在企业类型：□国有企业　□集体企业　□私营企业　□外资企业　□其他_____

所属行业：□农、林、牧、渔业　□电力、热力、燃气及水生产和供应业　□采矿业、制造业　□建筑业　□服务业　□交通运输业　□商业　□饮食业　□修理业　□科技咨询业　□其他_____

所在部门性质：□行政管理　□技术研发　□营销　□客户服务　□生产　□其他_____

职位层次：□基层　□中层　□高层

任现职级年限：□0—5 年　□6—10 年　□11—15 年　□16—20 年　□21—25 年

请您根据自己对目前的职业身份及主动性行为的感受（注：若目前没有工作，请以您之前的职业及工作情况作答），选择 1—7 的数字来表达您对以下表述的同意或不同意的程度：1 = 非常反对；2 = 一般反对；3 = 有点反对；4 = 不反对也不赞同；5 = 有点同意；6 = 一般同意；7 = 非常同意。请在问题右边相应的选项上打钩（"√"）。

内　容	1 非常反对　2 一般反对　3 有点反对 4 不反对也不赞同　5 有点同意 6 一般同意　7 非常同意
1. 我喜欢实现我自己的想法，甚至不顾他人的反对	1　2　3　4　5　6　7
2. 我对于确信的事情会义无反顾地去做	1　2　3　4　5　6　7
3. 抛开所有外界因素，从个人内心出发，我会选择我目前的职业	1　2　3　4　5　6　7
4. 从个人内心出发，我非常喜欢我现在的职业身份	1　2　3　4　5　6　7
5. 抛开所有外界因素，从个人内心真实想法出发，即使挣不到太多的钱，我也愿意继续从事这个职业	1　2　3　4　5　6　7
6. 我认识的人当中很多人都希望我从事当前职业	1　2　3　4　5　6　7
7. 如果我放弃当前职业，对于我周围的大多数人来说都没有关系	1　2　3　4　5　6　7
8. 我认识的人当中很多人都不在意我的职业身份	1　2　3　4　5　6　7
9. 如果我现在更换职业，将造成我生活上的很大困难	1　2　3　4　5　6　7
10. 对我来说，现在更换职业将有很大损失	1　2　3　4　5　6　7
11. 我觉得自己有责任继续从事当前的职业	1　2　3　4　5　6　7
12. 我从事当前职业是因为我觉得要忠诚于它	1　2　3　4　5　6　7
13. 即使离开当前职业对我有利，我也觉得离开是不对的	1　2　3　4　5　6　7
14. 我的职业有很好的发展前景	1　2　3　4　5　6　7
15. 我的职业非常有意义	1　2　3　4　5　6　7
16. 我的职业是非常适合我的	1　2　3　4　5　6　7

续表

内 容	1 非常反对　2 一般反对　3 有点反对 4 不反对也不赞同　5 有点同意 6 一般同意　7 非常同意
17. 我的工作使我获得成长	1　2　3　4　5　6　7
18. 我的职业身份对我很重要	1　2　3　4　5　6　7
19. 只要能在这个企业里待，让我干什么都行	1　2　3　4　5　6　7
20. 假如我不再拥有该职业身份，我将觉得遗憾甚至屈辱	1　2　3　4　5　6　7
21. 我为我的职业而自豪	1　2　3　4　5　6　7
22. 我对我的工作充满热情	1　2　3　4　5　6　7
23. 我会长期从事这个职业	1　2　3　4　5　6　7
24. 我能够按时完成工作任务	1　2　3　4　5　6　7
25. 我能够认真对待工作	1　2　3　4　5　6　7
26. 对职责范围内的工作，我能够认真完成	1　2　3　4　5　6　7
27. 我不太在意工作中的额外付出是否有回报	1　2　3　4　5　6　7
28. 我完全能够轻松完成本职工作	1　2　3　4　5　6　7
29. 对于本职工作以外的工作任务，我过去也曾轻松完成	1　2　3　4　5　6　7
30. 总是有很多人认为我的工作能力非常强	1　2　3　4　5　6　7
31. 以我的才智，我定能应付任何工作任务，包括额外工作任务	1　2　3　4　5　6　7
32. 如果付出必要的努力，我一定能解决大多数难题	1　2　3　4　5　6　7
33. 我的领导非常支持主动性工作行为	1　2　3　4　5　6　7
34. 主动性行为在我们单位是被鼓励的	1　2　3　4　5　6　7
35. 我周围的同事都是主动工作的	1　2　3　4　5　6　7
36. 我的同事们认为我应该发挥主动工作的能力	1　2　3　4　5　6　7
37. 企业经常向我们灌输"不主动工作可能会丧失当前的工作"的理念	1　2　3　4　5　6　7
38. 企业绩效考核里有与主动性行为相关的条款	1　2　3　4　5　6　7
39. 主动工作是我的工作职责	1　2　3　4　5　6　7
40. 主动就有机会加薪或晋升	1　2　3　4　5　6　7
41. 主动性会提高职场竞争力	1　2　3　4　5　6　7
42. 主动行为会受到奖励	1　2　3　4　5　6　7

续表

内　容	1 非常反对　2 一般反对　3 有点反对 4 不反对也不赞同　5 有点同意 6 一般同意　7 非常同意
43. 据我观察，在我们单位越主动的人机会越多	1　2　3　4　5　6　7
44. 过去由于个人的主动性行为，我获得了现在的成绩	1　2　3　4　5　6　7
45. 我愿意主动工作	1　2　3　4　5　6　7
46. 我愿意向他人宣传主动工作的意义	1　2　3　4　5　6　7
47. 在工作中，我积极应对问题	1　2　3　4　5　6　7
48. 在工作中，无论何时，只要发现问题，我总是马上寻求解决方案	1　2　3　4　5　6　7
49. 在工作中，只要有机会，我总会使自己变得更积极	1　2　3　4　5　6　7
50. 在工作中，当别人不主动时，我也会主动	1　2　3　4　5　6　7
51. 在工作中，我会很快抓住机会以便达到目标	1　2　3　4　5　6　7
52. 在工作中，通常我做得比别人要求的更多	1　2　3　4　5　6　7
53. 在工作中，我特别热衷于实现自己的想法	1　2　3　4　5　6　7
54. 在工作中，当遇到困难时，相比其他人，我花费了更多时间和精力	1　2　3　4　5　6　7

衷心感谢您的配合！

附录4　正式调研问卷

调查问卷

您好！首先感谢您在百忙之中抽出时间支持本次问卷调查。本问卷主要调查职业身份认同与员工主动性行为方面的相关情况。本调查采用匿名方式填写，所有选项无对错之分，请您按照个人情况放心填写！我们郑重承诺：本问卷只用于学术研究，绝不外传信息！

基本信息：

性别：□男　□女

年龄：□≤30岁　□31—35岁　□36—40岁　□41—45岁　□46—50岁　□>50岁

文化程度：□专科　□本科　□硕士　□博士　□其他_____

工作年限：□≤5年　□6—10年　□11—15年　□16—20年　□21—25年　□26—30年　□>30年

所在企业类型：□国有企业　□集体企业　□私营企业　□外资企业　□其他_____

所属行业：□农、林、牧、渔业　□电力、热力、燃气及水生产和供应业　□采矿业、制造业　□建筑业　□服务业　□交通运输业　□商业　□饮食业　□修理业　□科技咨询业　□其他_____

所在部门性质：□行政管理　□技术研发　□营销　□客户服务　□生产　□其他_____

职位层次：□基层　□中层　□高层

任现职级年限：□0—5 年　□6—10 年　□11—15 年　□16—20 年　□21—25 年

请您根据自己对目前的职业身份及主动性行为的感受（注：若目前没有工作，请以您之前的职业及工作情况作答），选择 1—7 的数字来表达您对以下表述的同意或不同意的程度：1 = 非常反对；2 = 一般反对；3 = 有点反对；4 = 不反对也不赞同；5 = 有点同意；6 = 一般同意；7 = 非常同意。请在问题右边相应的选项上打钩（"√"）。

内　容	1 非常反对　2 一般反对　3 有点反对　4 不反对也不赞同　5 有点同意　6 一般同意　7 非常同意						
1. 我喜欢实现我自己的想法，甚至不顾他人的反对	1	2	3	4	5	6	7
2. 我对于确信的事情会义无反顾地去做	1	2	3	4	5	6	7
3. 无论胜算多大，只要我相信某事，我一定要努力实现它	1	2	3	4	5	6	7
4. 抛开所有外界因素，从个人内心出发，我会选择我目前的职业	1	2	3	4	5	6	7
5. 从个人内心出发，我非常喜欢我现在的职业身份	1	2	3	4	5	6	7
6. 抛开所有外界因素，从个人内心真实想法出发，即使挣不到太多的钱，我也愿意继续从事这个职业	1	2	3	4	5	6	7
7. 我认识的人当中很多人都希望我从事当前职业	1	2	3	4	5	6	7
8. 如果我放弃当前职业，对于我周围的大多数人来说都没有关系	1	2	3	4	5	6	7
9. 我认识的人当中很多人都不在意我的职业身份	1	2	3	4	5	6	7
10. 如果我现在更换职业，将造成我生活上的很大困难	1	2	3	4	5	6	7
11. 对我来说，现在更换职业将有很大损失	1	2	3	4	5	6	7
12. 我不得不从事当前职业	1	2	3	4	5	6	7
13. 我能够按时完成工作任务	1	2	3	4	5	6	7
14. 我能够认真对待工作	1	2	3	4	5	6	7
15. 对职责范围内的工作，我能够认真完成	1	2	3	4	5	6	7
16. 我不太在意工作中的额外付出是否有回报	1	2	3	4	5	6	7
17. 我将为我的职业而努力奋斗	1	2	3	4	5	6	7

续表

内　容	1 非常反对　2 一般反对　3 有点反对 4 不反对也不赞同　5 有点同意 6 一般同意　7 非常同意
18. 我愿意为工作贡献业余时间	1　2　3　4　5　6　7
19. 我觉得自己有责任继续从事当前的职业	1　2　3　4　5　6　7
20. 我从事当前职业是因为我觉得要忠诚于它	1　2　3　4　5　6　7
21. 即使离开当前职业对我有利，我也觉得离开是不对的	1　2　3　4　5　6　7
22. 我完全能够轻松完成本职工作	1　2　3　4　5　6　7
23. 对于本职工作以外的工作任务，我也曾轻松完成	1　2　3　4　5　6　7
24. 总是有很多人认为我的工作能力非常强	1　2　3　4　5　6　7
25. 以我的才智，我定能应付任何工作任务，包括额外工作任务	1　2　3　4　5　6　7
26. 如果付出必要努力，我一定能解决大多数难题	1　2　3　4　5　6　7
27. 我的职业有很好的发展前景	1　2　3　4　5　6　7
28. 我的职业非常有意义	1　2　3　4　5　6　7
29. 我的职业是非常适合我的	1　2　3　4　5　6　7
30. 我的工作使我获得成长	1　2　3　4　5　6　7
31. 我的领导非常支持主动性工作行为	1　2　3　4　5　6　7
32. 主动性行为在我们单位是被鼓励的	1　2　3　4　5　6　7
33. 我周围的同事都是主动工作的	1　2　3　4　5　6　7
34. 我的同事们认为我应该发挥主动工作的能力	1　2　3　4　5　6　7
35. 我的职业身份对我很重要	1　2　3　4　5　6　7
36. 只要能在这个企业里待，让我干什么都行	1　2　3　4　5　6　7
37. 假如我不再拥有该职业身份，我将觉得遗憾甚至屈辱	1　2　3　4　5　6　7
38. 我为我的职业而自豪	1　2　3　4　5　6　7
39. 我对我的工作充满热情	1　2　3　4　5　6　7
40. 我将在我的职业上投入更多	1　2　3　4　5　6　7
41. 企业经常向我们灌输"不主动工作可能会丧失当前的工作"的理念	1　2　3　4　5　6　7
42. 企业绩效考核里有与主动性行为相关的条款	1　2　3　4　5　6　7
43. 主动工作是我的工作职责	1　2　3　4　5　6　7

续表

内　容	1 非常反对　2 一般反对　3 有点反对 4 不反对也不赞同　5 有点同意 6 一般同意　7 非常同意
44. 主动就有机会加薪或晋升	1　2　3　4　5　6　7
45. 主动性会提高职场竞争力	1　2　3　4　5　6　7
46. 主动行为会受到奖励	1　2　3　4　5　6　7
47. 据我观察，在我们单位越主动的人机会越多	1　2　3　4　5　6　7
48. 过去由于个人的主动性行为，我获得了现在的成绩	1　2　3　4　5　6　7
49. 根据我的经验，只有主动工作，才有可能在单位有所发展	1　2　3　4　5　6　7
50. 我愿意主动工作	1　2　3　4　5　6　7
51. 我愿意向他人宣传主动工作的意义	1　2　3　4　5　6　7
52. 我愿意一直主动工作	1　2　3　4　5　6　7
53. 在工作中，我积极应对问题	1　2　3　4　5　6　7
54. 在工作中，无论何时，只要发现问题，我总是马上寻求解决方案	1　2　3　4　5　6　7
55. 在工作中，只要有机会，我总会使自己变得更积极	1　2　3　4　5　6　7
56. 在工作中，当别人不主动时，我也会主动	1　2　3　4　5　6　7
57. 在工作中，我会很快抓住机会以便达到目标	1　2　3　4　5　6　7
58. 在工作中，通常我会做得比别人要求的更多	1　2　3　4　5　6　7
59. 在工作中，我特别热衷于实现自己的想法	1　2　3　4　5　6　7
60. 在工作中，当遇到困难时，相比其他人，我花费了更多时间和精力	1　2　3　4　5　6　7

衷心感谢您的配合！

附录5 研究变量的差异分析结果

附表5-1　　性别差异独立样本T检验统计检验结果

	性别	平均值	标准差	T	P
主动性人格	男	4.8124	1.22035	1.303	0.193
	女	4.6852	1.20400	—	—
个人认同	男	4.5096	1.57257	0.852	0.394
	女	4.3973	1.69175	—	—
社会认同	男	3.9593	1.09827	-1.089	0.277
	女	4.0557	1.10006	—	—
职业身份认同	男	3.1161	0.94670	0.151	0.880
	女	3.1047	0.91598	—	—
价值认同	男	4.8145	1.07296	1.025	0.306
	女	4.7257	1.06951	—	—
情感认同	男	4.5482	1.26024	-0.098	0.922
	女	4.5580	1.20935	—	—
行为认同	男	-0.0277	0.82620	-0.792	0.429
	女	0.0252	0.83172	—	—
组织氛围	男	4.8853	1.22708	-1.229	0.219
	女	5.0016	1.12501	—	—
感知组织支持	男	4.9678	1.26983	-1.116	0.265
	女	5.0766	1.15448	—	—
感知组织压力/机会	男	4.7661	1.28215	-1.738	0.083
	女	4.9407	1.21435	—	—
过去行为经验	男	4.9220	1.45594	-0.570	0.569
	女	4.9876	1.40240	—	—

续表

	性别	平均值	标准差	T	P
角色宽度自我效能感	男	5.3153	1.02513	-1.271	0.204
	女	5.4230	1.07505	—	—
主动性行为意愿	男	5.3096	1.45576	-0.294	0.769
	女	5.3437	1.42221	—	—
主动性行为	男	5.4136	1.08491	0.689	0.491
	女	5.3522	1.12643	—	—

附表 5-2　年龄差异方差分析（ANOVA）统计检验结果

		平均值	标准差	F	P
主动性人格	≤30 岁	4.6260	1.14897	0.724	0.606
	31—35 岁	4.7813	1.19520	—	—
	36—40 岁	4.7588	1.25621	—	—
	41—45 岁	4.8383	1.12804	—	—
	46—50 岁	4.8249	1.41198	—	—
	>50 岁	4.8864	1.39386	—	—
	总计	4.7460	1.21252	—	—
个人认同	≤30 岁	3.9734	1.60836	9.768	0.000
	31—35 岁	4.2907	1.66019	—	—
	36—40 岁	4.5263	1.60302	—	—
	41—45 岁	5.0297	1.44614	—	—
	46—50 岁	5.1751	1.46132	—	—
	>50 岁	4.7879	1.61883	—	—
	总计	4.4509	1.63559	—	—
社会认同	≤30 岁	3.9155	1.10940	2.500	0.030
	31—35 岁	4.1440	1.02857	—	—
	36—40 岁	4.1096	1.10673	—	—
	41—45 岁	4.1122	1.12672	—	—
	46—50 岁	4.0904	1.15276	—	—
	>50 岁	3.5682	0.99762	—	—
	总计	4.0097	1.09937	—	—

续表

		平均值	标准差	F	P
职业身份认同	≤30 岁	2.7748	0.89311	16.617	0.000
	31—35 岁	2.9705	0.91775	—	—
	36—40 岁	3.2003	0.84748	—	—
	41—45 岁	3.4875	0.85831	—	—
	46—50 岁	3.7136	0.79190	—	—
	>50 岁	3.2951	0.86202	—	—
	总计	3.1101	0.93002	—	—
价值认同	≤30 岁	4.3718	1.04892	15.430	0.000
	31—35 岁	4.6328	1.04107	—	—
	36—40 岁	4.9408	0.93563	—	—
	41—45 岁	5.1364	0.99235	—	—
	46—50 岁	5.4138	0.99104	—	—
	>50 岁	5.0420	0.95977	—	—
	总计	4.7680	1.07120	—	—
情感认同	≤30 岁	4.1792	1.16649	13.227	0.000
	31—35 岁	4.3707	1.16472	—	—
	36—40 岁	4.6053	1.16328	—	—
	41—45 岁	5.0429	1.20269	—	—
	46—50 岁	5.2989	1.15460	—	—
	>50 岁	4.6899	1.24008	—	—
	总计	4.5533	1.23290	—	—
行为认同	≤30 岁	-0.2478	0.84996	10.559	0.000
	31—35 岁	-0.0893	0.87945	—	—
	36—40 岁	0.0547	0.77883	—	—
	41—45 岁	0.2833	0.69110	—	—
	46—50 岁	0.4166	0.60376	—	—
	>50 岁	0.1534	0.78777	—	—
	总计	0.0000	0.82885	—	—

续表

		平均值	标准差	F	P
组织氛围	≤30 岁	4.7145	1.08610	5.084	0.000
	31—35 岁	4.8978	1.19087	—	—
	36—40 岁	5.1469	1.22076	—	—
	41—45 岁	5.1642	1.19466	—	—
	46—50 岁	5.4068	1.09867	—	—
	>50 岁	4.7393	1.25648	—	—
	总计	4.9461	1.17532	—	—
感知组织支持	≤30 岁	4.8110	1.22442	4.137	0.001
	31—35 岁	5.0400	1.13521	—	—
	36—40 岁	5.1513	1.29427	—	—
	41—45 岁	5.2054	1.16157	—	—
	46—50 岁	5.4831	1.09747	—	—
	>50 岁	4.7670	1.25220	—	—
	总计	5.0247	1.21115	—	—
感知组织压力/机会	≤30 岁	4.6127	1.11455	5.042	0.000
	31—35 岁	4.7493	1.29318	—	—
	36—40 岁	5.1579	1.22592	—	—
	41—45 岁	5.0891	1.26019	—	—
	46—50 岁	5.2853	1.37717	—	—
	>50 岁	4.7235	1.29845	—	—
	总计	4.8573	1.24921	—	—
过去行为经验	≤30 岁	4.7199	1.33109	3.741	0.002
	31—35 岁	4.9040	1.46207	—	—
	36—40 岁	5.1316	1.47681	—	—
	41—45 岁	5.1980	1.47209	—	—
	46—50 岁	5.4520	1.33155	—	—
	>50 岁	4.7273	1.49465	—	—
	总计	4.9563	1.42742	—	—

续表

		平均值	标准差	F	P
角色宽度自我效能感	≤30 岁	5.0094	1.02805	10.187	0.000
	31—35 岁	5.3855	0.97252	—	—
	36—40 岁	5.4579	1.03270	—	—
	41—45 岁	5.6990	1.01494	—	—
	46—50 岁	5.7898	0.95659	—	—
	>50 岁	5.6227	1.10829	—	—
	总计	5.3715	1.05201	—	—
主动性行为意愿	≤30 岁	4.9515	1.45845	5.782	0.000
	31—35 岁	5.3840	1.27708	—	—
	36—40 岁	5.4518	1.38211	—	—
	41—45 岁	5.6502	1.48651	—	—
	46—50 岁	5.8362	1.33530	—	—
	>50 岁	5.3485	1.49582	—	—
	总计	5.3274	1.43725	—	—
主动性行为	≤30 岁	5.0886	1.08069	6.125	0.000
	31—35 岁	5.3420	1.07578	—	—
	36—40 岁	5.5477	1.07722	—	—
	41—45 岁	5.6609	1.11696	—	—
	46—50 岁	5.7119	1.12170	—	—
	>50 岁	5.5398	1.00391	—	—
	总计	5.3815	1.10633	—	—

附表 5-3 学历差异方差分析（ANOVA）统计检验结果

		平均值	标准差	F	P
主动性人格	专科	4.6434	1.27381	1.026	0.393
	本科	4.7914	1.13785	—	—
	硕士	4.6961	1.26666	—	—
	博士	4.5238	1.48332	—	—
	其他	5.0444	1.39439	—	—
	总计	4.7460	1.21252	—	—

续表

		平均值	标准差	F	P
个人认同	专科	4.6124	1.59707	2.569	0.037
	本科	4.2715	1.62875	—	—
	硕士	4.6814	1.68343	—	—
	博士	4.5000	1.67817	—	—
	其他	4.9778	1.63284	—	—
	总计	4.4509	1.63559	—	—
社会认同	专科	3.8004	1.09382	5.613	0.000
	本科	4.0639	1.07163	—	—
	硕士	4.3284	1.06737	—	—
	博士	4.6429	0.83168	—	—
	其他	3.5889	1.27361	—	—
	总计	4.0097	1.09937	—	—
职业身份认同	专科	3.1619	1.02587	0.902	0.462
	本科	3.0817	0.86030	—	—
	硕士	3.1378	0.90935	—	—
	博士	2.7461	1.15883	—	—
	其他	3.2384	1.03764	—	—
	总计	3.1101	0.93002	—	—
价值认同	专科	4.8237	1.20221	0.541	0.706
	本科	4.7278	0.99875	—	—
	硕士	4.8113	0.99525	—	—
	博士	4.5377	1.19668	—	—
	其他	4.9046	1.19405	—	—
	总计	4.7680	1.07120	—	—
情感认同	专科	4.6647	1.32965	1.098	0.356
	本科	4.4960	1.14687	—	—
	硕士	4.5547	1.30086	—	—
	博士	4.1429	1.27912	—	—
	其他	4.7444	1.39768	—	—
	总计	4.5533	1.23290	—	—

续表

		平均值	标准差	F	P
行为认同	专科	-0.0200	0.88345	1.155	0.330
	本科	0.0123	0.80188	—	—
	硕士	0.0519	0.71127	—	—
	博士	-0.4422	1.24092	—	—
	其他	0.0663	0.81563	—	—
	总计	0.0000	0.82885	—	—
组织氛围	专科	4.9532	1.20461	0.505	0.732
	本科	4.9614	1.15428	—	—
	硕士	4.9665	1.15341	—	—
	博士	4.5159	1.41714	—	—
	其他	4.8898	1.20994	—	—
	总计	4.9461	1.17532	—	—
感知组织支持	专科	5.0203	1.22129	0.853	0.492
	本科	5.0329	1.17773	—	—
	硕士	5.0515	1.20830	—	—
	博士	4.4643	1.57461	—	—
	其他	5.1583	1.35265	—	—
	总计	5.0247	1.21115	—	—
感知组织压力/机会	专科	4.9089	1.27215	0.354	0.841
	本科	4.8623	1.24722	—	—
	硕士	4.8137	1.17659	—	—
	博士	4.5595	1.44649	—	—
	其他	4.7444	1.25848	—	—
	总计	4.8573	1.24921	—	—
过去行为经验	专科	4.9302	1.43666	0.561	0.691
	本科	4.9890	1.42907	—	—
	硕士	5.0343	1.33599	—	—
	博士	4.5238	1.62099	—	—
	其他	4.7667	1.50644	—	—
	总计	4.9563	1.42742	—	—

续表

		平均值	标准差	F	P
角色宽度自我效能感	专科	5.2535	1.11237	1.630	0.165
	本科	5.4180	1.00273	—	—
	硕士	5.5559	1.01030	—	—
	博士	5.0571	1.39984	—	—
	其他	5.2600	1.10316	—	—
	总计	5.3715	1.05201	—	—
主动性行为意愿	专科	5.1764	1.49003	1.884	0.112
	本科	5.4371	1.39588	—	—
	硕士	5.3333	1.40362	—	—
	博士	4.5952	1.58075	—	—
	其他	5.3000	1.50948	—	—
	总计	5.3274	1.43725	—	—
主动性行为	专科	5.2747	1.13833	1.290	0.273
	本科	5.4648	1.06806	—	—
	硕士	5.3511	1.08828	—	—
	博士	5.0268	1.32031	—	—
	其他	5.3000	1.25155	—	—
	总计	5.3815	1.10633	—	—

附表 5-4　工作年限差异方差分析（ANOVA）统计检验结果

		平均值	标准差	F	P
主动性人格	≤5 年	4.6036	1.13853	0.704	0.646
	6—10 年	4.7864	1.18988	—	—
	11—15 年	4.7989	1.25229	—	—
	16—20 年	4.7796	1.21907	—	—
	21—25 年	4.9008	1.17513	—	—
	26—30 年	4.6875	1.46254	—	—
	>30 年	4.8000	1.28130	—	—
	总计	4.7460	1.21252	—	—

续表

		平均值	标准差	F	P
个人认同	≤5 年	3.9961	1.53874	7.861	0.000
	6—10 年	4.2113	1.76940	—	—
	11—15 年	4.3915	1.65646	—	—
	16—20 年	4.5000	1.50379	—	—
	21—25 年	5.2460	1.40101	—	—
	26—30 年	5.0208	1.36211	—	—
	>30 年	4.8000	1.65917	—	—
	总计	4.4509	1.63559	—	—
社会认同	≤5 年	3.9053	1.12639	2.647	0.015
	6—10 年	4.0235	1.02579	—	—
	11—15 年	4.1852	1.12128	—	—
	16—20 年	4.1935	1.07047	—	—
	21—25 年	4.2222	1.06839	—	—
	26—30 年	3.9375	1.05556	—	—
	>30 年	3.5867	1.19818	—	—
	总计	4.0097	1.09937	—	—
职业身份认同	≤5 年	2.7423	0.89051	15.073	0.000
	6—10 年	2.9227	0.94476	—	—
	11—15 年	3.1356	0.82906	—	—
	16—20 年	3.2050	0.79884	—	—
	21—25 年	3.6558	0.82694	—	—
	26—30 年	3.6495	0.75244	—	—
	>30 年	3.3018	0.90956	—	—
	总计	3.1101	0.93002	—	—
价值认同	≤5 年	4.3494	1.02724	14.535	0.000
	6—10 年	4.5401	1.08057	—	—
	11—15 年	4.8705	0.95461	—	—
	16—20 年	4.8620	0.91560	—	—
	21—25 年	5.3409	0.96426	—	—
	26—30 年	5.4236	0.89455	—	—
	>30 年	4.9813	1.05938	—	—
	总计	4.7680	1.07120	—	—

续表

		平均值	标准差	F	P
情感认同	≤5 年	4.1607	1.12171	11.530	0.000
	6—10 年	4.3134	1.29107	—	—
	11—15 年	4.5714	0.96707	—	—
	16—20 年	4.6102	1.17578	—	—
	21—25 年	5.2590	1.15007	—	—
	26—30 年	5.1736	1.14336	—	—
	>30 年	4.7041	1.29782	—	—
	总计	4.5533	1.23290	—	—
行为认同	≤5 年	−0.2962	0.90075	9.748	0.000
	6—10 年	−0.1086	0.81203	—	—
	11—15 年	−0.0212	0.85062	—	—
	16—20 年	0.1429	0.71975	—	—
	21—25 年	0.3609	0.63156	—	—
	26—30 年	0.3513	0.66256	—	—
	>30 年	0.2200	0.74549	—	—
	总计	0.0000	0.82885	—	—
组织氛围	≤5 年	4.6829	1.03746	3.130	0.005
	6—10 年	4.9008	1.27016	—	—
	11—15 年	5.0278	1.12939	—	—
	16—20 年	5.0556	1.15867	—	—
	21—25 年	5.2269	1.22778	—	—
	26—30 年	5.2882	1.08672	—	—
	>30 年	4.9256	1.25348	—	—
	总计	4.9461	1.17532	—	—
感知组织支持	≤5 年	4.8240	1.10518	2.293	0.034
	6—10 年	4.9349	1.36953	—	—
	11—15 年	5.1944	1.16002	—	—
	16—20 年	5.0484	1.19582	—	—
	21—25 年	5.3214	1.10214	—	—
	26—30 年	5.2604	1.15657	—	—
	>30 年	4.9900	1.28667	—	—
	总计	5.0247	1.21115	—	—

续表

		平均值	标准差	F	P
感知组织压力/机会	≤5 年	4.5858	1.11997	3.174	0.004
	6—10 年	4.8052	1.28395	—	—
	11—15 年	4.8519	1.21302	—	—
	16—20 年	4.9839	1.23942	—	—
	21—25 年	5.1726	1.36127	—	—
	26—30 年	5.2361	1.13760	—	—
	>30 年	4.8800	1.36279	—	—
	总计	4.8573	1.24921	—	—
过去行为经验	≤5 年	4.6391	1.28402	2.669	0.015
	6—10 年	4.9624	1.52215	—	—
	11—15 年	5.0370	1.34286	—	—
	16—20 年	5.1344	1.45542	—	—
	21—25 年	5.1865	1.51861	—	—
	26—30 年	5.3681	1.35660	—	—
	>30 年	4.9067	1.44599	—	—
	总计	4.9563	1.42742	—	—
角色宽度自我效能感	≤5 年	4.9503	1.01155	9.303	0.000
	6—10 年	5.2859	1.00676	—	—
	11—15 年	5.4839	1.02208	—	—
	16—20 年	5.5871	1.00221	—	—
	21—25 年	5.7738	0.93848	—	—
	26—30 年	5.7125	1.02389	—	—
	>30 年	5.6280	1.12849	—	—
	总计	5.3715	1.05201	—	—
主动性行为意愿	≤5 年	4.8895	1.48881	4.847	0.000
	6—10 年	5.2981	1.35776	—	—
	11—15 年	5.5238	1.21772	—	—
	16—20 年	5.3710	1.54012	—	—
	21—25 年	5.6984	1.42705	—	—
	26—30 年	5.7500	1.24437	—	—
	>30 年	5.5600	1.46994	—	—
	总计	5.3274	1.43725	—	—

续表

		平均值	标准差	F	P
主动性行为	≤5 年	5.0562	1.06477	5.588	0.000
	6—10 年	5.3037	1.13772	—	—
	11—15 年	5.4187	1.02763	—	—
	16—20 年	5.4577	1.21781	—	—
	21—25 年	5.7247	1.02598	—	—
	26—30 年	5.7891	1.05000	—	—
	>30 年	5.5925	0.98775	—	—
	总计	5.3815	1.10633	—	—

附表 5-5 企业类型差异方差分析（ANOVA）统计检验结果

		平均值	标准偏差	F	P
主动性人格	国有企业	4.7308	1.19694	0.550	0.699
	集体企业	4.7249	1.22015	—	—
	私营企业	4.9532	1.24314	—	—
	外资企业	4.8889	1.02740	—	—
	其他	4.6444	1.32650	—	—
	总计	4.7460	1.21252	—	—
个人认同	国有企业	4.5458	1.63862	0.780	0.538
	集体企业	4.3473	1.57835	—	—
	私营企业	4.2924	1.60242	—	—
	外资企业	4.2593	1.76995	—	—
	其他	4.2519	1.81486	—	—
	总计	4.4509	1.63559	—	—
社会认同	国有企业	4.1154	1.07114	3.550	0.007
	集体企业	3.7879	1.12695	—	—
	私营企业	3.7602	1.03654	—	—
	外资企业	3.8148	0.58002	—	—
	其他	4.2148	1.25359	—	—
	总计	4.0097	1.09937	—	—

续表

		平均值	标准偏差	F	P
职业身份认同	国有企业	3.2734	0.86660	9.271	0.000
	集体企业	2.9892	0.93867	—	—
	私营企业	2.5711	0.96511	—	—
	外资企业	2.8394	0.83051	—	—
	其他	2.8918	1.03844	—	—
	总计	3.1101	0.93002	—	—
价值认同	国有企业	4.9632	0.98639	9.670	0.000
	集体企业	4.6251	1.09852	—	—
	私营企业	4.1747	1.07779	—	—
	外资企业	4.5208	1.11604	—	—
	其他	4.4204	1.22660	—	—
	总计	4.7680	1.07120	—	—
情感认同	国有企业	4.7224	1.19274	5.966	0.000
	集体企业	4.4464	1.25591	—	—
	私营企业	3.9766	1.18708	—	—
	外资企业	4.0000	1.35657	—	—
	其他	4.3741	1.24780	—	—
	总计	4.5533	1.23290	—	—
行为认同	国有企业	0.1309	0.75562	7.567	0.000
	集体企业	−0.1040	0.83584	—	—
	私营企业	−0.4380	1.01245	—	—
	外资企业	−0.2588	0.38205	—	—
	其他	−0.1189	0.93876	—	—
	总计	0.0000	0.82885	—	—
组织氛围	国有企业	5.1054	1.14298	4.436	0.002
	集体企业	4.7047	1.16364	—	—
	私营企业	4.6896	1.24782	—	—
	外资企业	5.1173	0.70366	—	—
	其他	4.7154	1.26739	—	—
	总计	4.9461	1.17532	—	—

续表

		平均值	标准偏差	F	P
感知组织支持	国有企业	5.1435	1.17165	2.810	0.025
	集体企业	4.8671	1.26324	—	—
	私营企业	4.6798	1.27891	—	—
	外资企业	5.2778	0.87896	—	—
	其他	4.9500	1.22544	—	—
	总计	5.0247	1.21115	—	—
感知组织压力/机会	国有企业	5.0105	1.23661	3.466	0.008
	集体企业	4.6434	1.22052	—	—
	私营企业	4.5994	1.32282	—	—
	外资企业	4.8519	0.88759	—	—
	其他	4.6259	1.26688	—	—
	总计	4.8573	1.24921	—	—
过去行为经验	国有企业	5.1621	1.35620	5.312	0.000
	集体企业	4.6037	1.43941	—	—
	私营企业	4.7895	1.56427	—	—
	外资企业	5.2222	0.70711	—	—
	其他	4.5704	1.59643	—	—
	总计	4.9563	1.42742	—	—
角色宽度自我效能感	国有企业	5.4445	0.98836	1.513	0.197
	集体企业	5.3301	1.10931	—	—
	私营企业	5.1107	1.05480	—	—
	外资企业	5.2444	1.36300	—	—
	其他	5.2622	1.25830	—	—
	总计	5.3715	1.05201	—	—
主动性行为意愿	国有企业	5.5522	1.33701	5.753	0.000
	集体企业	5.0490	1.39917	—	—
	私营企业	4.9298	1.79144	—	—
	外资企业	5.2222	0.88192	—	—
	其他	4.9185	1.62082	—	—
	总计	5.3274	1.43725	—	—

续表

		平均值	标准偏差	F	P
主动性行为	国有企业	5.5148	1.03544	3.452	0.008
	集体企业	5.2185	1.14213	—	—
	私营企业	5.2281	1.24645	—	—
	外资企业	5.0972	0.84497	—	—
	其他	5.0722	1.27406	—	—
	总计	5.3815	1.10633	—	—

附表5-6 职位层次差异方差分析（ANOVA）统计检验结果

		平均值	标准偏差	F	P
主动性人格	基层	4.6635	1.19191	10.325	0.000
	中层	5.0866	1.27206	—	—
	高层	5.7451	0.85415	—	—
	总计	4.7460	1.21252	—	—
个人认同	基层	4.3798	1.61880	5.956	0.003
	中层	4.6667	1.66667	—	—
	高层	5.6667	1.53206	—	—
	总计	4.4509	1.63559	—	—
社会认同	基层	3.9555	1.09953	5.747	0.003
	中层	4.2208	1.05216	—	—
	高层	4.7255	0.98767	—	—
	总计	4.0097	1.09937	—	—
职业身份认同	基层	3.0749	0.94001	3.504	0.031
	中层	3.2411	0.86754	—	—
	高层	3.5992	0.72038	—	—
	总计	3.1101	0.93002	—	—
价值认同	基层	4.7366	1.08471	2.039	0.131
	中层	4.8874	0.98827	—	—
	高层	5.1928	0.92460	—	—
	总计	4.7680	1.07120	—	—

续表

		平均值	标准偏差	F	P
情感认同	基层	4.5223	1.24192	2.085	0.125
	中层	4.6407	1.18688	—	—
	高层	5.1078	1.05728	—	—
	总计	4.5533	1.23290	—	—
行为认同	基层	−0.0460	0.83374	6.261	0.002
	中层	0.2025	0.77726	—	—
	高层	0.4968	0.61037	—	—
	总计	0.0000	0.82885	—	—
组织氛围	基层	4.8722	1.16301	9.869	0.000
	中层	5.2233	1.20267	—	—
	高层	5.9673	0.72769	—	—
	总计	4.9461	1.17532	—	—
感知组织支持	基层	4.9809	1.19856	4.029	0.018
	中层	5.1591	1.31283	—	—
	高层	5.7647	0.83137	—	—
	总计	5.0247	1.21115	—	—
感知组织压力/机会	基层	4.8044	1.23277	5.509	0.004
	中层	5.0216	1.34408	—	—
	高层	5.7451	0.92818	—	—
	总计	4.8573	1.24921	—	—
过去行为经验	基层	4.8314	1.42715	16.789	0.000
	中层	5.4892	1.25024	—	—
	高层	6.3922	0.70941	—	—
	总计	4.9563	1.42742	—	—
角色宽度自我效能感	基层	5.3267	1.05793	3.753	0.024
	中层	5.5684	0.94378	—	—
	高层	5.8706	1.15529	—	—
	总计	5.3715	1.05201	—	—
主动性行为意愿	基层	5.2252	1.44518	9.858	0.000
	中层	5.8052	1.28799	—	—

续表

		平均值	标准偏差	F	P
主动性行为意愿	高层	6.3137	1.01701	—	—
	总计	5.3274	1.43725	—	—
主动性行为	基层	5.3170	1.11083	7.290	0.001
	中层	5.6542	0.98590	—	—
	高层	6.1324	1.07481	—	—
	总计	5.3815	1.10633	—	—

附表 5-7 任现职级年限差异方差分析（ANOVA）统计检验结果

		平均值	标准偏差	F	P
主动性人格	0—5 年	4.6488	1.23228	1.517	0.196
	6—10 年	4.9167	1.18361	—	—
	11—15 年	4.9375	1.20464	—	—
	16—20 年	4.8018	1.13164	—	—
	21—25 年	4.7800	1.18878	—	—
	总计	4.7460	1.21252	—	—
个人认同	0—5 年	4.2714	1.62371	4.837	0.001
	6—10 年	4.5278	1.65872	—	—
	11—15 年	4.7708	1.81676	—	—
	16—20 年	4.4685	1.50813	—	—
	21—25 年	5.2867	1.34857	—	—
	总计	4.4509	1.63559	—	—
社会认同	0—5 年	3.9549	1.10063	0.964	0.426
	6—10 年	4.1250	1.02863	—	—
	11—15 年	3.8646	1.20887	—	—
	16—20 年	4.1712	1.23634	—	—
	21—25 年	4.0400	1.11196	—	—
	总计	4.0097	1.09937	—	—
职业身份认同	0—5 年	2.9881	0.94925	5.695	0.000
	6—10 年	3.1732	0.86348	—	—
	11—15 年	3.2730	1.08930	—	—

续表

		平均值	标准偏差	F	P
职业身份认同	16—20 年	3.2450	0.69825	—	—
	21—25 年	3.6007	0.83169	—	—
	总计	3.1101	0.93002	—	—
价值认同	0—5 年	4.6303	1.08865	5.991	0.000
	6—10 年	4.8026	0.99972	—	—
	11—15 年	5.0590	1.26201	—	—
	16—20 年	4.9414	0.82125	—	—
	21—25 年	5.3384	0.95599	—	—
	总计	4.7680	1.07120	—	—
情感认同	0—5 年	4.4146	1.23148	4.297	0.002
	6—10 年	4.6285	1.18143	—	—
	11—15 年	4.7031	1.46019	—	—
	16—20 年	4.6991	1.01717	—	—
	21—25 年	5.1327	1.21191	—	—
	总计	4.5533	1.23290	—	—
行为认同	0—5 年	−0.0849	0.87502	3.283	0.011
	6—10 年	0.0589	0.76853	—	—
	11—15 年	0.0570	0.85053	—	—
	16—20 年	0.0976	0.71713	—	—
	21—25 年	0.3311	0.60982	—	—
	总计	0.0000	0.82885	—	—
组织氛围	0—5 年	4.8848	1.14739	2.383	0.050
	6—10 年	5.0224	1.13499	—	—
	11—15 年	4.7283	1.53714	—	—
	16—20 年	4.8514	1.22695	—	—
	21—25 年	5.3711	1.12086	—	—
	总计	4.9461	1.17532	—	—
感知组织支持	0—5 年	4.9958	1.22589	1.782	0.131
	6—10 年	4.9792	1.15930	—	—
	11—15 年	4.8203	1.55573	—	—

续表

		平均值	标准偏差	F	P
感知组织支持	16—20 年	5.1081	1.10639	—	—
	21—25 年	5.4300	1.02400	—	—
	总计	5.0247	1.21115	—	—
感知组织压力/机会	0—5 年	4.7854	1.20656	2.996	0.018
	6—10 年	4.9653	1.17436	—	—
	11—15 年	4.5521	1.65015	—	—
	16—20 年	4.7432	1.31796	—	—
	21—25 年	5.3367	1.31600	—	—
	总计	4.8573	1.24921	—	—
过去行为经验	0—5 年	4.8732	1.39180	2.113	0.078
	6—10 年	5.1227	1.42065	—	—
	11—15 年	4.8125	1.70586	—	—
	16—20 年	4.7027	1.57876	—	—
	21—25 年	5.3467	1.32302	—	—
	总计	4.9563	1.42742	—	—
角色宽度自我效能感	0—5 年	5.2192	1.06219	4.837	0.001
	6—10 年	5.5472	0.98917	—	—
	11—15 年	5.7875	0.89722	—	—
	16—20 年	5.5622	1.00426	—	—
	21—25 年	5.5360	1.11936	—	—
	总计	5.3715	1.05201	—	—
主动性行为意愿	0—5 年	5.2197	1.44818	3.384	0.009
	6—10 年	5.5023	1.31632	—	—
	11—15 年	5.2604	1.67575	—	—
	16—20 年	5.0000	1.64242	—	—
	21—25 年	5.8733	1.21758	—	—
	总计	5.3274	1.43725	—	—
主动性行为	0—5 年	5.2775	1.09201	3.331	0.010
	6—10 年	5.5095	1.13068	—	—
	11—15 年	5.3906	1.25874	—	—

续表

		平均值	标准偏差	F	P
主动性行为	16—20 年	5.2838	1.16802	—	—
	21—25 年	5.8175	0.85648	—	—
	总计	5.3815	1.10633	—	—

附表 5-8　部门性质差异方差分析（ANOVA）统计检验结果

		平均值	标准偏差	F	P
主动性人格	行政管理	4.8006	1.22077	0.332	0.894
	技术研发	4.7857	1.37651	—	—
	营销	4.8025	1.10126	—	—
	客户服务	4.6584	1.17813	—	—
	生产	4.7551	1.25960	—	—
	其他	4.7917	1.45966	—	—
	总计	4.7460	1.21252	—	—
个人认同	行政管理	4.5670	1.64783	3.250	0.007
	技术研发	4.3452	1.48097	—	—
	营销	4.8321	1.57503	—	—
	客户服务	4.1353	1.60718	—	—
	生产	4.4082	1.63337	—	—
	其他	4.5972	1.78906	—	—
	总计	4.4509	1.63559	—	—
社会认同	行政管理	4.2617	1.10272	5.361	0.000
	技术研发	3.8690	1.13435	—	—
	营销	4.0593	0.99156	—	—
	客户服务	3.7277	1.14659	—	—
	生产	4.1054	1.10357	—	—
	其他	4.3819	0.88323	—	—
	总计	4.0097	1.09937	—	—
职业身份认同	行政管理	3.2507	0.78910	8.337	0.000
	技术研发	2.7903	0.94453	—	—
	营销	3.4338	0.84871	—	—

续表

		平均值	标准偏差	F	P
职业身份认同	客户服务	2.8424	0.97250	—	—
	生产	3.1823	0.94798	—	—
	其他	3.0585	0.87263	—	—
	总计	3.1101	0.93002	—	—
价值认同	行政管理	4.9354	0.91056	8.321	0.000
	技术研发	4.5442	0.98210	—	—
	营销	5.0813	0.93762	—	—
	客户服务	4.4169	1.14352	—	—
	生产	4.9339	1.07820	—	—
	其他	4.7951	1.08376	—	—
	总计	4.7680	1.07120	—	—
情感认同	行政管理	4.5794	1.13740	5.583	0.000
	技术研发	4.1964	1.08682	—	—
	营销	4.9728	1.16972	—	—
	客户服务	4.3127	1.24522	—	—
	生产	4.6267	1.28731	—	—
	其他	4.3889	1.24168	—	—
	总计	4.5533	1.23290	—	—
行为认同	行政管理	0.2373	0.75322	8.409	0.000
	技术研发	−0.3822	1.06866	—	—
	营销	0.2487	0.71830	—	—
	客户服务	−0.2024	0.86245	—	—
	生产	−0.0717	0.83676	—	—
	其他	−0.0086	0.63752	—	—
	总计	0.0000	0.82885	—	—
组织氛围	行政管理	5.2503	1.06529	7.309	0.000
	技术研发	4.7560	1.13873	—	—
	营销	5.2749	1.07375	—	—
	客户服务	4.6132	1.13931	—	—
	生产	4.9141	1.30385	—	—

续表

		平均值	标准偏差	F	P
组织氛围	其他	4.9207	1.20880	—	—
	总计	4.9461	1.17532	—	—
感知组织支持	行政管理	5.3505	1.09127	4.591	0.000
	技术研发	4.8214	1.11567	—	—
	营销	5.2481	1.12489	—	—
	客户服务	4.7884	1.22249	—	—
	生产	4.8801	1.31762	—	—
	其他	5.0781	1.25600	—	—
	总计	5.0247	1.21115	—	—
感知组织压力/机会	行政管理	5.0202	1.17689	5.885	0.000
	技术研发	4.6369	1.34337	—	—
	营销	5.2284	1.14817	—	—
	客户服务	4.5330	1.22125	—	—
	生产	4.8929	1.39058	—	—
	其他	4.8715	1.12159	—	—
	总计	4.8573	1.24921	—	—
过去行为经验	行政管理	5.3801	1.29622	8.356	0.000
	技术研发	4.8095	1.43853	—	—
	营销	5.3481	1.26561	—	—
	客户服务	4.5182	1.41224	—	—
	生产	4.9694	1.52647	—	—
	其他	4.8125	1.46819	—	—
	总计	4.9563	1.42742	—	—
角色宽度自我效能感	行政管理	5.5121	0.97794	3.166	0.008
	技术研发	5.1643	0.96924	—	—
	营销	5.6209	0.93817	—	—
	客户服务	5.2228	1.11081	—	—
	生产	5.2816	1.14147	—	—
	其他	5.2917	0.99270	—	—
	总计	5.3715	1.05201	—	—

续表

		平均值	标准偏差	F	P
主动性行为意愿	行政管理	5.7508	1.27801	8.837	0.000
	技术研发	5.0952	1.74237	—	—
	营销	5.7531	1.21827	—	—
	客户服务	4.8993	1.50153	—	—
	生产	5.3605	1.39273	—	—
	其他	5.0556	1.40975	—	—
	总计	5.3274	1.43725	—	—
主动性行为	行政管理	5.5514	1.02877	3.709	0.003
	技术研发	5.2634	1.33522	—	—
	营销	5.5639	1.01939	—	—
	客户服务	5.1411	1.14939	—	—
	生产	5.5255	1.08854	—	—
	其他	5.2760	1.06127	—	—
	总计	5.3815	1.10633	—	—

参考文献

蔡宁、贺锦江、王节祥：《"互联网+"背景下的制度压力与企业创业战略选择——基于滴滴出行平台的案例研究》，《中国工业经济》2017年第3期。

陈国强主编：《简明文化人类学词典》，浙江人民出版社1990年版。

陈绍军、李如春、马永斌：《意愿与行为的悖离：城市居民生活垃圾分类机制研究》，《中国人口资源与环境》2015年第9期。

陈仕华、卢昌崇、姜广省等：《国企高管政治晋升对企业并购行为的影响——基于企业成长压力理论的实证研究》，《管理世界》2015年第9期。

陈致中、张德：《中国背景下的组织文化认同度模型建构》，《科学学与科学技术管理》2009年第12期。

成瑾、曹婷：《基于情绪事件理论的员工非理性外部揭发机理研究》，《中国人力资源开发》2018年第2期。

崔勋、张义明、瞿姣姣：《劳动关系氛围和员工工作满意度：组织承诺的调节作用》，《南开管理评论》2012年第2期。

邓新明：《中国情景下消费者的伦理购买意向研究——基于TPB视角》，《南开管理评论》2012年第3期。

段锦云、凌斌：《中国背景下员工建言行为结构及中庸思维对其的影响》，《心理学报》2011年第10期。

段锦云、王娟娟、朱月龙：《组织氛围研究：概念测量、理论基础及评价展望》，《心理科学进展》2014年第12期。

方志斌、林志扬：《职场排斥与员工进谏行为：组织认同的作用》，《现代管理科学》2011年第11期。

费孝通:《乡土中国 生育制度》,北京大学出版社 1998 年版。

葛青华、林盛:《企业员工工作压力感知及缓解策略研究》,《山东社会科学》2011 第 12 期。

宫淑燕:《新生代知识员工自我认同对组织行为的作用机理研究》,博士学位论文,西北工业大学,2015 年。

顾远东、彭纪生:《组织创新氛围对员工创新行为的影响:创新自我效能感的中介作用》,《南开管理评论》2010 年第 1 期。

顾远东、周文莉、彭纪生:《组织支持感对研发人员创新行为的影响机制研究》,《管理科学》2014 年第 1 期。

郭本禹、姜飞月:《自我效能理论及其应用》,上海教育出版社 2008 年版。

郭国庆、张中科、陈凯等:《口碑传播对消费者品牌转换意愿的影响:主观规范的中介效应研究》,《管理评论》2010 年第 12 期。

韩雪松:《影响员工组织认同的组织识别特征因素及作用研究》,博士学位论文,四川大学,2007 年。

汉语词典官方网站,http://www.zdic.net/c/b/2b/67740.htm,2019 年。

何博:《认同的本质及其层次性》,《大理学院学报》2011 年第 1 期。

何吉多:《公众参与转基因食品安全管理的意愿和行为及其影响因素研究》,硕士学位论文,华中农业大学,2009 年。

胡青、王胜男、张兴伟等:《工作中的主动性行为的回顾与展望》,《心理科学进展》2011 年第 10 期。

黄俊、贾煜、秦颖等:《员工感知的企业员工责任会激发员工创新行为吗——工作满足和工作投入的中介作用》,《科技进步与对策》2016 年第 22 期。

黄勇、彭纪生:《主管—下属关系对员工负责行为的影响机制研究》,《西北师大学报》(社会科学版)2015 年第 5 期。

黄勇、彭纪生:《组织内信任对员工负责行为的影响——角色宽度自我效能感的中介作用》,《软科学》2015 年第 1 期。

蒋建武、赵曙明:《战略人力资源管理与组织绩效关系研究的新框架:理论整合的视角》,《管理学报》2007 年第 6 期。

李东进、吴波、武瑞娟：《中国消费者购买意向模型——对 Fishbein 合理行为模型的修正》，《管理世界》2009 年第 1 期。

李红、刘洪：《领导对员工主动性行为影响的研究述评》，《软科学》2014 年第 8 期。

李锐、凌文辁、柳士顺：《上司不当督导对下属建言行为的影响及其作用机制》，《心理学报》2009 年第 12 期。

李颖琦、王宇露：《基于修正计划行为理论的大型企业虚拟学习社区知识共享研究——来自 212 个虚拟学习社区的实证》，《情报杂志》2010 年第 5 期。

廖辉尧、梁建：《自我牺牲型领导与员工主动行为：一个整合模型》，《中国人力资源开发》2015 年第 23 期。

凌文辁、杨海军、方俐洛：《企业员工的组织支持感》，《心理学报》2006 年第 2 期。

凌文辁、张治灿、方俐洛：《中国职工组织承诺的结构模型研究》，《管理科学学报》2000 年第 2 期。

刘灿辉：《基于计划行为理论的员工建言行为发生机制》，《北方经贸》2016 年第 8 期。

刘健、张宁：《基于计划行为理论的高速铁路乘坐意向研究》，《管理学报》2014 年第 9 期。

刘金培、朱磊、倪清：《组织氛围如何影响知识型员工敬业度：基于工作倦怠的中介效应研究》，《心理与行为研究》2018 年第 3 期。

刘能：《中国都市地区普通公众参加社会捐助活动的意愿和行为取向分析》，《社会学研究》2004 年第 2 期。

刘勇、周琳：《现代企业心理与行为创新》，中山大学出版社 2007 年版。

刘远、周祖城：《员工感知的企业社会责任、情感承诺与组织公民行为的关系——承诺型人力资源实践的跨层调节作用》，《管理评论》2015 年第 10 期。

龙静、程德俊、王陵峰：《企业并购情境下的威胁感知与员工创造力：工作负担和挑战性的调节效应》，《经济科学》2011 年第 4 期。

卢纹岱、陈胜可：《SPSS 统计分析——从入门到精通》，清华大学出版社 2010 年版。

芦慧、杜巍、柯江林：《组织制度支持感研究——内涵、结构和测量》，《软科学》2016 年第 3 期。

罗瑾琏、张波、钟竞：《认知风格与组织氛围感知交互作用下的员工创造力研究》，《科学学与科学技术管理》2013 年第 2 期。

马贵梅、樊耘、于维娜等：《员工——组织价值观匹配影响建言行为的机制》，《管理评论》2015 年第 4 期。

马璐、王丹阳：《共享型领导对员工主动创新行为的影响》，《科技进步与对策》2016 年第 22 期。

苗莉、何良兴：《基于异质性假设的创业意愿及其影响机理研究》，《财经问题研究》2016 年第 5 期。

苗仁涛、孙健敏、刘军：《基于工作态度的组织支持感与组织公平对组织公民行为的影响研究》，《商业经济与管理》2012 年第 9 期。

聂晶、卢新怡：《玩兴与创造：基于个体和组织视角分析》，《中国科技论坛》2016 年第 3 期。

牛振喜、宫淑燕：《基于自我认同理论的新生代员工管理研究展望》，《青海社会科学》2013 年第 2 期。

潘世磊、严立冬、屈志光等：《绿色农业发展中的农户意愿及其行为影响因素研究——基于浙江丽水市农户调查数据的实证》，《江西财经大学学报》2018 年第 2 期。

彭远春：《论农民工身份认同及其影响因素——对武汉市杨园社区餐饮服务员的调查分析》，《人口研究》2007 年第 2 期。

齐昕、刘洪、林彦梅：《员工远程工作意愿形成机制及其干预研究》，《华东经济管理》2016 年第 10 期。

石智雷、杨云彦：《符合"单独二孩"政策家庭的生育意愿与生育行为》，《人口研究》2014 年第 5 期。

史容、殷红春、魏亚平：《创业机会感知与创业动机对创业意向的影响——基于潜在科技型创业者的中介效应模型》，《北京理工大学学报》（社会科学版）2016 年第 5 期。

舒晓兵、廖建桥：《工作压力研究：一个分析的框架——国外有关工作压力的理论综述》，《华中科技大学学报》（人文社会科学版）2002 年第 5 期。

宋春蒿、王辉、张一驰：《组织公平对员工工作结果的影响：领导—部属交换及知觉到的组织支持的中介作用》，《管理学家：学术版》2008 年第 1 期。

宋典、袁勇志、张伟炜：《战略人力资源管理、创新氛围与员工创新行为的跨层次研究》，《科学学与科学技术管理》2011 年第 1 期。

孙利、佐斌：《中小学教师职业认同的结构与测量》，《教育研究与实验》2010 年第 5 期。

汤国杰：《普通高校体育教师职业认同与工作满意度的关系研究》，《心理科学》2009 年第 2 期。

腾云：《个体主动性对安全生产管理模式跃迁影响机制研究》，博士学位论文，哈尔滨工程大学，2016 年。

田喜洲、董强、马珂：《工作身份转变研究述评》，《外国经济与管理》2016 年第 8 期。

田喜洲、谢晋宇：《组织支持感对员工工作行为的影响：心理资本中介作用的实证研究》，《南开管理评论》2010 年第 1 期。

汪纯孝、温碧燕、姜彩芬：《服务质量、消费价值、旅客满意感与行为意向》，《南开管理评论》2001 年第 6 期。

王爱君：《身份经济学研究述评》，《经济学动态》2011 年第 10 期。

王才康、胡中锋、刘勇：《一般自我效能感量表的信度和效度研究》，《应用心理学》2001 年第 1 期。

王丹：《基于计划行为理论的矿工违章行为研究》，《中国安全科学学报》2011 年第 4 期。

王惠卿：《社会工作者职业认同的结构与测量》，《四川理工学院学报》（社会科学版）2013 年第 4 期。

王璐、高鹏：《职业认同、团队认同对员工建言行为影响的实证研究》，《数学的实践与认识》2011 年第 1 期。

王胜男：《主动性人格与工作投入：组织支持感的调节作用》，《中国健康心理学杂志》2015 年第 4 期。

王士红、徐彪、彭纪生：《组织氛围感知对员工创新行为的影响——基于知识共享意愿的中介效应》，《科研管理》2013 年第 5 期。

王艳子、罗瑾琏：《员工创新行为的激发机理研究：谦卑型领导的视角》，《中央财经大学学报》2017 年第 6 期。

韦慧民、刘洪：《职场身份建构及其管理研究述评》，《商业经济与管理》2014 年第 5 期。

韦慧民、潘清泉：《复杂环境下员工主动性行为及其驱动研究》，《企业经济》2012 年第 3 期。

魏淑华、宋广文、张大均：《我国中小学教师职业认同的结构与量表》，《教师教育研究》2013 年第 1 期。

魏淑华、张大均：《教师职业认同的结构及测验量表的编制》，第十二届全国心理学学术大会论文，济南，2009 年 11 月。

魏新东、汪烁璇、傅绪荣：《预期后悔作为计划行为理论新变量的研究进展》，《心理研究》2017 年第 2 期。

翁清雄、席酉民：《职业成长与离职倾向：职业承诺与感知机会的调节作用》，《南开管理评论》2010 年第 2 期。

吴明隆：《结构方程模型：AMOS 的操作与应用》（第二版），重庆大学出版社 2010 年版。

奚从清：《角色论：个人与社会的互动》，浙江大学出版社 2010 年版。

夏霖、王重鸣：《个人主动性：21 世纪的新型工作模式》，《技术经济》2006 年第 10 期。

夏四平：《农民工社会认同的特点研究》，硕士学位论文，西南大学，2008 年。

向常春、龙立荣：《参与型领导与员工建言：积极印象管理动机的中介作用》，《管理评论》2013 年第 7 期。

肖兴政、赵志彬：《感知到晋升的员工会更加的无私吗？晋升感知与组织公民行为关系的实证研究》，《中国人力资源开发》2017 年第 3 期。

熊鑫钰、陈德智：《研发人员工作激励与工作稳定性的关系研究》，

《科技管理研究》2018年第2期。

许颖:《差序氛围、组织支持感知与隐性知识共享之关系探讨》,《科技管理研究》2015年第9期。

严云鸿、丁奕:《新员工组织社会化过程中的主动行为研究》,《经济论坛》2007年第21期。

杨晶照、陈勇星、马洪旗:《组织结构对员工创新行为的影响:基于角色认同理论的视角》,《科技进步与对策》2012年第9期。

杨晶照:《员工创新行为的激发:组织因素与个体因素的互动》,中国社会科学出版社2012年版。

杨俊:《基于企业家资源禀赋的创业行为过程分析》,《外国经济与管理》2004年第2期。

杨俊:《企业家创业机会的感知过程》,《经济管理》2006年第21期。

姚凯:《自我效能感研究综述——组织行为学发展的新趋势》,《管理学报》2008年第3期。

余嫔、吴静吉、陈以亨、区衿绫:《不同年龄男女专业工作者之玩兴与工作创新》,《教育心理学报》2011年第3期。

余杨:《组织支持感知与工作满意度的关系研究》,硕士学位论文,复旦大学,2009年。

战立明:《绩效考核方式对员工创新行为的影响机制研究》,硕士学位论文,天津理工大学,2017年。

张红涛、王二平:《态度与行为关系研究现状及发展趋势》,《心理科学进展》2007年第1期。

张辉、白长虹、李储凤:《消费者网络购物意向分析——理性行为理论与计划行为理论的比较》,《软科学》2011年第9期。

张丽峰:《两种认同机制与自发性工作行为关系的研究综述》,《商场现代化》2016年第16期。

张丽艳、陈余婷:《新生代农民工市民化意愿的影响因素分析——基于广东省三市的调查》,《西北人口》2012年第4期。

张若勇、刘光建、徐东亮等:《角色期望对员工建言行为的影响:角色身份与传统性的作用》,《华东经济管理》2016年第10期。

张玉利:《企业家创业行为调查》,《经济理论与经济管理》2003 年第 9 期。

赵国祥:《管理心理学高级教程》,安徽人民出版社 2008 年版。

赵文:《多种用工制度下国有企业青年职业发展状况调查及思考》,《经济研究导刊》2012 年第 31 期。

知网工具书库,http://gongjushu.cnki.net/RBook/Detail? entryId = R2006080330000479,2019 年。

周浩、龙立荣:《共同方法偏差的统计检验与控制方法》,《心理科学进展》2004 年第 6 期。

周晓虹:《认同理论:社会学与心理学的分析路径》,《社会科学》2008 年第 4 期。

朱一文、王安民:《组织结构、支持性组织氛围对员工建言行为的影响》,《中国人力资源开发》2013 年第 15 期。

宗文、李晏墅、陈涛:《组织支持与组织公民行为的机理研究》,《中国工业经济》2010 年第 7 期。

俎文红、成爱武、汪秀:《环境价值观与绿色消费行为的实证研究》,《商业经济研究》2017 年第 19 期。

[美] 埃略特·阿伦森:《社会心理学:阿伦森眼中的社会性动物》,侯玉波译,机械工业出版社 2014 年版。

[美] 班杜拉:《自我效能:控制的实施》(上、下册),缪小春等译,上海华东师范大学出版社 2003 年版。

[美] 库利:《人类本性与社会秩序》,包凡一、王湲译,华夏出版社 2020 年版。

[美] 乔治·H. 米德:《心灵、自我与社会》,赵月瑟译,上海译文出版社 2005 年版。

[英] 罗万·贝恩:《职场心理类型:MBTI 视角》,孙益武译,上海财经大学出版社 2012 年版。

Aarts H, Verplanken B, Knippenberg A V, "Predicting Behavior From Actions in the Past: Repeated Decision Making or a Matter of Habit?" *Journal of Applied Social Psychology*, Vol. 28, No. 15, August 1998.

Ajzen I, "Nature and Operation of Attitudes", *Annual Review of Psychology*, Vol. 52, No. 1, February 2001.

Ajzen I, "The theory of planned behavior", *Organizational behavior and human decision processes*, Vol. 50, No. 2, 1991.

Ajzen I, *From intentions to actions: A theory of planned behavior, Action Control*, Springer Berlin Heidelberg, 1985.

Ajzen, I. and Fishbein, M, *Understanding Attitudes and Predicting Social Behavior*, Englewoods Cliffs, Nj: Prentice - Hall, 1980.

Alvesson M, Willmott H, "Identity regulation as organizational control: Producing the appropriate individual", *Journal of management studies*, Vol. 39, No. 5, July 2002.

Anderson N R, West M A, "Measuring climate for work group innovation: Development and validation of the team climate inventory", *Journal of Organizational Behavior*, Vol. 19, No. 3, May 1998.

Armitage C J, Conner M, "Efficacy of the theory of planned behaviour: A meta analytic review", *British journal of social psychology*, Vol. 40, No. 4, December 2001.

Aselage J, Eisenberger R, "Perceived organizational support and psychological contract: A theoretical integration", *Journal of Organizational Behavior*, Vol. 24, No. 5, August 2003.

Ashford S J, Barton M A, "Identity - based issue selling", *Identity and the modern organization*, 223: 244. 2007.

Ashford S J, Blatt R, Walle D V, "Reflections on the Looking Glass: A Review of Research on Feedback - Seeking Behavior in Organizations", *Journal of Management*, Vol. 29, No. 6, December 2003.

Ashford S J, Rothbard N P, Piderit S K, et al, " Out on a limb: The role of context and impression management in selling gender - equity issues", *Administrative Science Quarterly*, Vol. 43, No. 1, March 1998.

Ashforth B E, "A partial test of the reformulated model of organizational identification", *Journal of Organizational Behavior*, Vol. 13, No. 2,

March 1992.

Ashforth B E, Mael F, "Social identity theory and the organization", *Academy of management review*, Vol. 14, No. 1, 1989.

Axtell C M, Parker S K, " Promoting role breadth self – efficacy through involvement, work redesign and training", *Human Relations*, Vol. 56, No. 1, January 2003.

Bagozzi R P, Baumgartner H, Yi Y, "State versus action orientation and the theory of reasoned action: An application to coupon usage", *Journal of Consumer Research*, Vol. 18, No. 4, March 1992.

Bamberg S, Ajzen I, Schmidt P, "Choice of Travel Mode in the Theory of Planned Behavior: The Roles of Past Behavior, Habit, and Reasoned Action", *Basic & Applied Social Psychology*, Vol. 25, No. 3, September 2003.

Bandura A, "Self – efficacy: Toward a unifying theory of behavioral change", *Advances in Behaviour Research & Therapy*, Vol. 1, No. 4, March 1977.

Barling J, Beattie R, "Self – efficacy beliefs and sales performance", *Journal of Organizational Behavior Management*, Vol. 5, No. 1, June 1983.

Bateman T S, Crant J M, "The proactive component of organizational behavior: A measure and correlates", *Journal of Organizational Behavior*, Vol. 14, No. 2, March 1993.

Bateman T S, Organ D W, "Job Satisfaction and the Good Soldier: The Relationship Between Affect and Employee 'Citizenship'", *Academy of Management Journal*, Vol. 26, No. 4, December 1983.

Blau G J, "The measurement and prediction of career commitment", *Journal of Occupational and Organizational Psychology*, Vol. 58, No. 4, December 1985.

Bolino M C, " Citizenship and Impression Management: Good Soldiers or Good Actors?" *Academy of Management Review*, Vol. 24, No. 1, January 1999.

Brown R, "Social identity theory: Past achievements, current problems and future challenges", *European Journal of Social Psychology*, Vol. 30, No. 6, November 2000.

Caesens G, Marique G, Hanin D, et al, "The relationship between perceived organizational support and proactive behaviour directed towards the organization", *European Journal of Work and Organizational Psychology*, Vol. 25, No. 3, May 2016.

Caihong Jiang, Wenguo Zhao, Xianghong Sun, et al, "The effects of the self and social identity on the intention to microblog: An extension of the theory of planned behavior", Original Research Article, *Computers in Human Behavior*, Vol. 11, No. 64, November 2016.

Callero P L, "Role – identity salience", *Social Psychology Quarterly*, Vol. 48, No. 3, 1985.

Carless S A, Bernath L, "Antecedents of intent to change careers among psychologists", *Journal of Career Development*, Vol. 33, No. 3, March 2007.

Casimir G, Ng Y N K, Wang K Y, et al, "The relationships amongst leader – member exchange, perceived organizational support, affective commitment, and in – role performance A social – exchange perspective", *Leadership & Organization Development Journal*, Vol. 35, No. 35, June 2014.

Chan R, Lau L, "Explaining green purchasing behavior: A cross – cultural study on American and Chinese consumers", *International Consumer Marketing*, Vol. 14, No. 3, 2001.

Charng H W, Piliavin J A, Callero P L, "Role identity and reasoned action in the prediction of repeated behavior", *Social Psychology Quarterly*, Vol. 51, No. 4, December 1988.

Cheek J M, Tropp L R, Chen L C, et al, "Identity orientations: Personal, social, and collective aspects of identity", paper delivered to 102nd

Annual Convention of the American Psychological Association, Los Angeles. 1994.

Chen G, Bliese P D, "The role of different levels of leadership in predicting self - and collective efficacy: Evidence for discontinuity", *Journal of Applied Psychology*, Vol. 87, No. 3, June 2002.

Chen Z, Eisenberger R, Johnson K M, et al, "Perceived organizational support and extra - role performance: which leads to which?" *Journal of Social Psychology*, Vol. 149, No. 1, February 2009.

Conner M, Armitage C J, "Extending the theory of planned behavior: A review and avenues for further research", *Journal of applied social psychology*, Vol. 28, No. 15, August 1998.

Conner M, Norman P, Bell R, "The theory of planned behavior and healthy eating", *British Journal of Social Psychology*, Vol. 40, No. 4, April 2002.

Cook A J, Kerr G N, Moore K, "Attitudes and intentions towards purchasing GM food", *Journal of Economic Psychology*, Vol. 23, No. 5, October 2002.

Cooper C L, Marshall J, *Understanding Executive Stress*, Springer, 1977.

Crant J M, "Proactive Behavior in Organizations", *Journal of Management*, Vol. 26, No. 3, 2000.

Crawshaw J R, Dick R V, Brodbeck F C, "Opportunity, fair process and relationship value: career development as a driver of proactive work behaviour", *Human Resource Management Journal*, Vol. 22, No. 1, January 2012.

Cronbach L J, Warrington W G, "Time - limit tests: estimating their reliability and degree of speeding", *Psychometrika*, Vol. 16, No. 2, February 1951.

Crowe E, Higgins E T, "Regulatory focus and strategic inclinations: promotion and prevention in decision - making", *Organizational Behavior & Human Decision Processes*, Vol. 69, No. 2, 1997.

Cunningham G B, "The influence of religious personal identity on the relationships among religious dissimilarity, value dissimilarity, and job satisfaction", *Social Justice Research*, Vol. 23, No. 1, March 2010.

Darvell M J, Walsh S P, White K M, "Facebook tells me so: Applying the theory of planned behavior to understand partner – monitoring behavior on Facebook", *Cyberpsychology, Behavior, and Social Networking*, Vol. 14, No. 12, 2011.

Den Hartog D N, Belschak F D, "When does transformational leadership enhance employee proactive behavior? The role of autonomy and role breadth self – efficacy", *Journal of Applied Psychology*, Vol. 97, No. 1, August 2011.

DeVellis, R. F, *Scale Development: Theory and Applications*, Sage, Newbury Park, CA, 1991.

Dick R V, "My job is my castle: Identification in organizational contexts", *International Review of Industrial and Organizational Psychology*, 2004.

Ehrhart M G, "Leadership and procedural justice climate as antecedents of unit – level organizational citizenship behavior", *Personnel Psychology*, Vol. 57, No. 1, 2004.

Ehrhart M G, Aarons G A, Farahnak L R, "Assessing the organizational context for EBP implementation: the development and validity testing of the Implementation Climate Scale (ICS)", *Implementation Science*, Vol. 9, No. 1, October 2014.

Eisenberger R, Stinglhamber F, "Perceived organizational support", *Journal of Applied Psychology*, Vol. 71, No. 3, August 1986.

Eisenberger Robert, Fasolo Peter, Davis – LaMastro Valerie, "Perceived organizational support and employee diligence, commitment, and innovation", *Journal of Applied Psychology*, Vol. 75, No. 1, February 1990.

Fay D, Sonnentag S, "A look back to move ahead: New directions for research on proactive performance and other discretionary work behaviors", *Applied Psychology*, Vol. 59, No. 1, December 2009.

Fazio R H, "How do attitudes guide behavior", Handbook of motivation and cognition: Foundations of social behavior, New York: Guicford Press 1, 1986.

Fazio R H, Williams C J, "Attitude accessibility as a moderator of the attitude – perception and attitude – behavior relations: An investigation of the 1984 presidential election", *Journal of Personality and Social Psychology*, Vol. 51, No. 3, October 1986.

Fondas N, Stewart R, "Enactment in managerial jobs: a role analysis", *Journal of Management Studies*, Vol. 31, No. 1, May 2007.

Frese M, Fay D, "Personal initiative: An active performance concept for work in the 21st century", *Research in Organizational Behavior*, Vol. 23, No. 2, December 2001.

Frese M, Fay D, Hilburger T, et al, "The concept of personal initiative: Operationalization, reliability and validity in two German samples", *Journal of Occupational and Organizational Psychology*, Vol. 70, No. 2, June 1997.

Frese M, Garst H, Fay D, "Making things happen: reciprocal relationships between work characteristics and personal initiative in a four – wave longitudinal structural equation model", *Journal of Applied Psychology*, Vol. 92, No. 4, August 2007.

Frese, M., & Sabini, J. (Eds.), *Goal directed behavior: The concept of action in psychology*, Hillsdale, NJ: Erlbaum, 1985.

Frese, M., Kring, W., Soose, A., &Zempel, J, "Personal initiative at work: Differences between east and West Germany", *Academy of Management Journal*, Vol. 39, No. 1, February 1996.

Fryer R G, Jackson M O, "Categorical Cognition: A psychological model of categories and identification in decision making", Nber Working Papers, June 2003.

Fu Y, Zhang L, "Organizational justice and perceived organizational support", *Nankai Business Review International*, Vol. 3, No. 2,

June 2012.

George J M, Brief A P, "Feeling Good – doing good: A conceptual analysis of the mood at work – organizational spontaneity relationship", *Psychological Bulletin*, Vol. 112, No. 2, October 1992.

Gist M E, Mitchell T R, "Self – efficacy: A theoretical analysis of its determinants and malleability", *Academy of Management Review*, Vol. 17, No. 2, April 1992.

Goffman E, "The presentation of self in everyday life", *Three Penny Review*, Vol. 21, No. 116, 2009.

Gollwitzer P M, "Implementation intentions: Strong effects of simple plans", *American Psychologist*, Vol. 54, No. 4, July 1999.

Granberg D, Holmberg S, "The intention – behavior relationship among U. S. and Swedish voters", *Social Psychology Quarterly*, Vol. 53, No. 1, March 1990.

Grant A M, Ashford S J, "The dynamics of pro – activity at work", *Research in Organizational Behavior*, Vol. 28, December 2008.

Grant, A M, Ashford, S J, "The dynamics of proactively at work: Lessons from feedback – seeking and organizational citizen – ship behavior research", *Research in Organizational Behavior*, 2008.

Griffin M A, Neal A, "Perceptions of safety at work: A framework for linking safety climate to safety performance, knowledge, and motivation", *Journal of Occupational Health Psychology*, Vol. 5, No. 3, August 2000.

Griffin M A, Neal A, Parker S K, "A new model of work role performance: Positive behavior in uncertain and interdependent contexts", *Academy of Management Journal*, Vol. 50, No. 2, April 2007.

Griffin M A, Parker S K, Mason C M, "Leader vision and the development of adaptive and proactive performance: A longitudinal study", *Journal of Applied Psychology*, Vol. 95, No. 1, January 2010.

Grönlund H, "Identity and volunteering intertwined: Reflections on the values of young adults", *International Journal of Voluntary and Nonprofit Organizations*, Vol. 22, No. 4, December 2011.

Hagger, M. S., & Chatzisarantis, N. L, "First – and Higher – Order models of attitudes, normative influence, and perceived behavioral control in the theory of planned behavior", *British Journal of Social Psychology*, Vol. 44, No. 4, January 2006.

Hallier J, Baralou E, "Other voices, other rooms: differentiating social identity development in organizational and Pro – Am virtual teams", *New Technology, Work and Employment*, Vol. 25, No. 2, June 2010.

Harris L, Lee V, Thompson E, et al, "Exploring the Generalization Process from Past Behavior to Predicting Future Behavior", *Journal of Behavioral Decision Making*, Vol. 29, No. 4, June 2015.

Haynie J J, Cullen K L, Lester H F, et al, "Differentiated leader – member exchange, justice climate, and performance: Main and interactive effects", *The Leadership Quarterly*, Vol. 25, No. 5, October 2014.

Heirman W, Walrave M, Ponnet K, "Predicting adolescents' disclosure of personal information in exchange for commercial incentives: an application of an extended theory of planned behavior", *Cyberpsychology, Behavior, and Social Networking*, Vol. 16, No. 2, October 2012.

Henrietta, Grönlund. "Identity and volunteering intertwined: Reflections on the values of young adults", *Voluntas International Journal of Voluntary & Nonprofit Organizations*, Vol. 1, No. 1, January 2011.

Higgins E T, Friedman R S, Harlow R E, et al, "Achievement orientations from subjective histories of success: Promotion pride versus prevention pride", *European Journal of Social Psychology*, Vol. 31, No. 1, January 2001.

Higgins E T, Shah J, Friedman R, "Emotional responses to goal attainment: strength of regulatory focus as moderator", *Journal of Personality & Social Psychology*, Vol. 72, No. 3, April 1997.

Hogg M A, Terry D J, White K M, "A tale of two theories: A critical comparison of identity theory with social identity theory", *Social psychology quarterly*, Vol. 58, No. 4, December 1995.

Howell F M, Others A, "The measurement of perceived opportunity for occupational attainment", *Journal of Vocational Behavior*, Vol. 25, No. 3, December 1984.

Howell J M, Sheab C M, "Individual differences, environmental scanning, innovation framing, and champion behavior: key predictors of project performance", *Journal of Product Innovation Management*, Vol. 18, No. 1, January 2001.

Hummer, Douglas A, "Organizational climate and culture: An introduction to theory, research, and practice", *Human Resource Development Quarterly*, Vol. 27, No. 2, January 2014.

Ibarra H, "Provisional selves: Experimenting with image and identity in professional adaptation", *Administrative Science Quarterly*, Vol. 44, No. 4, December 1999.

Imran R, Haque M A, "Mediating effect of organizational climate between transformational leadership and Innovative work behavior", *Pakistan Journal of Psychological Research*, Vol. 6, No. 2, January 2011.

Janssen O, Van Yperen N W, "Employees' goal orientations, the quality of leader – member exchange, and the outcomes of job performance and job satisfaction", *Academy of Management Journal*, Vol. 47, No. 3, June 2004.

Katz M M, "Nutritional factors in psychological test behavior", *Journal of Genetic Psychology*, Vol. 96, No. 2, July 1960.

Kelley H H, Thibaut J W, *Interpersonal relations: A theory of interdependence*, John Wiley & Sons, 1978.

Kim W, Ok C, "The effects of relational benefits on customers' perception of favorable inequity, Affective commitment, and repurchase intention in full – service restaurants", *Journal of Hospitality & Tourism Research*, Vol. 33, No. 2, April 2009.

Kristiansen C M, Hotte A M, "Morality and the self: Implications for the when and how of value – attitude – behavior relations", paper delivered to The psychology of values: The Ontario symposium, Erlbaum Hillsdale, NJ, 1996.

Lazarus, Richard S, "Theory – Based Stress Measurement", *Psychological Inquiry*, Vol. 1, No. 1, January 1990.

Lent R W, Brown S D, Larkin K C, "Comparison of three theoretically derived variables in predicting career and academic behavior: Self – efficacy, interest congruence, and consequence thinking", *Journal of counseling psychology*, Vol. 34, No. 3, July 1987.

Lepine, J. A, Dyne V, "Predicting voice behavior in work groups", *Journal of Applied Psychology*, Vol. 83, No. 6, December 1998.

Liao C, Chen J L, Yen D C, "Theory of planning behavior (TPB) and customer satisfaction in the continued use of e – service: An integrated model", *Computers in Human Behavior*, Vol. 23, No. 6, November 2007.

Lindell M K, Brandt C J, "Climate quality and climate consensus as mediators of the relationship between organizational antecedents and outcomes", *Journal of Applied Psychology*, Vol. 85, No. 3, June 2000.

Locke E A, Latham G P, "Building a practically useful theory of goal setting and task motivation, A 35 – year odyssey", *American Psychologist*, Vol. 57, No. 9, September 2002, pp. 705 – 717. 2002.

Locke E A, Latham G P, *A theory of goal setting & task performance*, Prentice – Hall, Inc, 1990.

London M, "Relationships between career motivation, empowerment and support for career development", *Journal of Occupational and Organizational Psychology*, Vol. 66, No. 1, March 1993.

M. Salanova, W. B. Schaufeli, "A cross – national study of work engagement as a mediator between job resources and proactive behavior", *The International Journal of Human Resource Management*, Vol. 19, No. 1,

January 2008.

Malle B F, "Intentions and intentionality: Foundations of social cognition", *Journal of Consciousness Studies*, Vol. 5, No. 12, January 2001.

Markus H R, Kitayama S, "Culture and the self: Implications for cognition, emotion, and motivation", *Psychological Review*, Vol. 98, No. 2, April 1991.

Marsh H W, "Global self – esteem: Its relation to specific facets of self – concept and their importance", *Journal of Personality & Social Psychology*, Vol. 51, No. 6, December 1986.

Mayer D M, Nishii L H, Schneider B, et al, "The precursors and products of justice climates: Group leader antecedents and employee attitudinal consequences", *Personnel Psychology*, Vol. 60, No. 4, December 2007.

McCall G J, Simmons J L, *Identities and interactions*, New York: Free Press, 1978.

McGrath J E, "Stress and behavior in organizations", *Handbook of Industrial and Organizational Psychology*, 1976.

McMillan R, Customer satisfaction and organizational support for service providers, Ph. D. dissertation, University of Florida, 1997.

Meijers F, "The development of a career identity", *International Journal for the Advancement of Counselling*, Vol. 20, No. 3, September 1998.

Meyer B W, Winer J L, "The career decision scale and neuroticism", *Journal of Career Assessment*, Vol. 1, No. 2, December 1993.

Meyer J P, Allen N J, Smith C A, "Commitment to organizations and occupations: Extension and test of a three – component conceptualization", *Human Resource Management Review*, Vol. 1, No. 1, 2016.

Moorman R H, Blakely G L, Niehoff B P, "Does perceived organizational support mediate the relationship between procedural justice and organizational citizenship behavior?" *Academy of Management Journal*, Vol. 41, No. 3, June 1998.

Morgeson F P, Humphrey S E, "The work design questionnaire (WDQ): developing and validating a comprehensive measure for assessing job design and the nature of work", *Journal of Applied Psychology*, Vol. 91, No. 6, December 2006.

Morrison E W, Milliken F J, "Organizational silence: A barrier to change and development in a pluralistic world", *Academy of Management Review*, Vol. 25, No. 4, October 2000.

Morrison E W, Phelps C C, "Taking charge at work: Extrarole efforts to initiate workplace change", *Academy of Management Journal*, Vol. 42, No. 4, August 1999.

Morrison E W, Wheeler – Smith S L, Kamdar D, "Speaking up in groups: A cross – level study of group voice climate and voice", *Journal of Applied Psychology*, Vol. 96, No. 1, January 2011.

Niehoff B P, Moorman R H, "Justice as a mediator of the relationship between methods of monitoring and organizational citizenship behavior", *Academy of Management Journal*, Vol. 36, No. 3, June 1993.

O'Driscoll M P, Randall D M, "Perceived organizational support, satisfaction with rewards, and employee job involvement and organizational commitment", *Applied Psychology*, Vol. 48, No. 2, April 1999.

Ohly S, Sonnentag S, Pluntke F, "Routinization, work characteristics and their relationships with creative and proactive behaviors", *Journal of organizational behavior*, Vol. 27, No. 3, May 2006.

Olson J M, Zanna M P, "Attitudes and attitude change", *Annual Review of Psychology*, Vol. 62, No. 1, January 1993.

Ouwerkerk J W, Ellemers N, De Gilder D, "Group commitment and individual effort in experimental and organizational contexts", *Social Identity: Context, Commitment, Content*, Oxford: Blackwell Science, August 1999.

Parker S K, "Enhancing role breadth self – efficacy: the roles of job enrichment and other organizational interventions", *Journal of Applied*

Psychology, Vol. 83, No. 6, January 1999.

Parker S K, Collins C G, "Taking stock: Integrating and differentiating multiple proactive behaviors", *Journal of Management*, Vol. 36, No. 3, May 2010.

Parker S K, Williams H M, Turner N, "Modeling the antecedents of proactive behavior at work", *Journal of Applied Psychology*, Vol. 91, No. 3, June 2006.

Pavlou P A, Fygenson M, "Understanding and predicting electronic commerce adoption: An extension of the theory of planned behavior", *MIS Quarterly*, Vol30, No. 1, March 2006.

Payne N, Jones F, Harris P R, "The impact of job strain on the predictive validity of the theory of planned behavior: an investigation of exercise and healthy eating", *British Journal of Health Psychology*, Vol. 10, No. 1, March 2005.

Pelling E L, White K M, "The theory of planned behavior applied to young people's use of social networking web sites", *Cyber Psychology & Behavior*, Vol. 12, No. 6, September 2009.

Podsakoff P M, Mackenzie S B, Lee J Y, et al, "Common method biases in behavioral research: A critical review of the literature and recommended remedies", *Applied Psychology*, Vol. 88, No. 5, November 2003.

Pratt M G, Rockmann K W, Kaufmann J B, "Constructing professional identity: The role of work and identity learning cycles in the customization of identity among medical residents", *Academy of Management Journal*, Vol. 49, No. 2, April 2006.

Randall Collins, *Four Sociological Traditions*, New York: Oxford University, 1994.

Randall S. Schuler, "An integrative transactional process model of stress in organizations", *Journal of Organizational Behavior*, Vol. 3, No. 1, January 1982.

Reade C, "Dual identification in multinational corporations: Local managers and their psychological attachment to the subsidiary versus the global organization", *International Journal of Human Resource Management*, Vol. 12, No. 3, May 2001.

Rhoades L, Eisenberger R, "Perceived organizational support: A review of the literature", *Journal of Applied Psychology*, Vol. 87, No. 4, September 2002.

Rhoades L, Eisenberger R, Armeli S, "Affective commitment to the organization: The contribution of perceived organizational support", *Journal of Applied Psychology*, Vol. 86, No. 5, November 2001.

Riley A, Burke P J, "Identities and self-verification in the small group", *Social Psychology Quterly*, Vol. 58, No. 2, June 1995.

Rogers R W, "A Protection Motivation Theory of Fear Appeals and Attitude Change1" *Journal of Psychology Interdisciplinary & Applied*, Vol. 91, No. 1, September 1975.

Sabine Sonnentag, Anne Spychala, "Job control and job stressors as predictors of proactive work behavior: Is role breadth self-efficacy the link?" *Human Performance*, Vol. 25, No. 5, November 2012.

Santee R T, Jackson S E, "Commitment to self-identification: A sociopsychological approach to personality", *Human Relations*, Vol. 32, No. 2, February 1979.

Schneider B, "Organizational Climate and Culture", *Annual Review of Psychology*, Vol. 24, No. 1, February 2006.

Schneider B, "Organizational climates: An essay", *Personnel Psychology*, Vol. 28, No. 4, December 1975.

Schuler R S, Jackson S E, "Linking competitive strategies with human resource management practices", *The Academy of Management Executive*, Vol. 1, No. 3, August1987.

Schwarzer R, Mueller J, Greenglass E, "Assessment of perceived general self-efficacy on the Internet: Data collection in cyberspace", *Anxiety Stress & Coping*, Vol. 12, No. 2, January 1999.

Scott C R, "Identification with multiple targets in a geographically dispersed organization", *Management Communication Quarterly*, Vol. 10, No. 4, May 1997.

Scott S G, Bruce R A, "Creating innovative behavior among R&D professionals: the moderating effect of leadership on the relationship between problem – solving style and innovation", paper delivered to Proceedings of 1994 IEEE International Engineering Management Conference – IEMC'94, 1994.

Shaw T, "The emotions of systems developers: an empirical study of affective events theory", paper delivered to Proceedings of the 2004 SIGMIS Conference on Computer Personnel Research: Careers, Culture, and Ethics in a Networked Environment, 2004, Tucson, AZ, USA, April 22 – 24, 2004.

Shore L M, Tetrick L E, "A construct validity study of the Survey of Perceived Organizational Support", *Journal of Applied Psychology*, Vol. 76, No. 5, October 1991.

Shore L M, Wayne S J, "Commitment and employee behavior: Comparison of affective commitment and continuance commitment with perceived organizational support", *Journal of Applied Psychology*, Vol. 78, No. 5, November 1993.

Singh R, Ragins B R, Tharenou P, "Who gets a mentor? A longitudinal assessment of the rising star hypothesis", *Journal of Vocational Behavior*, Vol. 74, No. 1, February 2009.

Sonmez S F, Graefe A R, "Determining Future Travel Behavior from Past Travel Experience and Perceptions of Risk and Safety", *Journal of Travel Research*, Vol. 37, No. 2, November 1998.

Stajkovic, A. D., Luthans, F, "Self – efficacy and Work Related Performance: A Meta – analysis", *Psychological Bulletin*, Vol. 124, No. 22, September 1998.

Stryker S, "Symbolic Interaction: A social structural version", *British*

Journal of Sociology, Vol. 33, No. 3, 1982.

Stryker S, Burke P J, "The past, present, and future of an identity theory", *Social psychology quarterly*, Vol. 63, No. 4, December 2000.

Stryker S, Serpe R T, *Commitment, identity salience, and role behavior: Theory and research example, personality, roles, and social behavior*, Springer, New York, 1982.

Stryker S, *Symbolic interactionism: A social structural version*, Benjamin – Cummings Publishing Company, 1980.

Sutton S, "The past predicts the future: Interpreting behavior – behavior relationships in social psychological models of health behavior", American Psychological Association, https://psycnet.apa.org/record/1994 – 98677 – 004. 1994.

Sveningsson S, Alvesson M, "Managing managerial identities: Organizational fragmentation, discourse and identity struggle", *Human relations*, Vol. 56, No. 10, January 2004, p. 1163 – 1193.

Tajfel H, "Socail psychology of inter – group relations", *Annual Review of Psychology*, Vol. 33, No. 1, November 2003.

Tajfel H, Turner J C, "An integrative theory of intergroup conflict", *The social psychology of intergroup relations*, Vol. 33, No. 47, January 1979.

Terry D J, Hogg M A, White K M, "The theory of planned behavior: Self – identity, social identity and group norms", *British Journal of Social Psychology*, Vol. 38, No. 3, 1999.

Thompson J A, "Proactive personality and job performance: a social capital perspective", *Journal of Applied Psychology*, Vol. 90, No. 5, October 2005.

Turner J C, Hogg M A, Oakes P J, et al, *Rediscovering the social group: A self – categorization theory*, Basil Blackwell, 1987.

Van, Bakker A B, Bakker P, "Why are structured interviews so rarely used in personnel selection?" *Journal of Applied Psychology*, Vol. 87,

No. 1, March 2002.

Wayne S J, Shore L M, Liden R C, "Perceived organizational support and leader – member exchange: A social exchange perspective", *The Academy of Management Journal*, Vol. 40, No. 1, 1997.

Wegge, Jürgen, Dick R V, Fisher G K, et al, "A test of basic assumptions of affective events theory in call centre work", *British Journal of Management*, Vol. 17, No. 3, March 2006.

Weiss H M, Cropanzano R, "Affective events theory: A theoretical discussion of the structure, causes and consequences of affective experiences at work", *Research in Organizational Behavior*, Vol. 18, No. 3, January 1996.

Wheeler A R, Buckley M R, Halbesleben J R B, et al, "The elusive criterion of fit", Revisited: Toward an Integrative Theory of Multidimensional Fit' *Research in Personnel & Human Resources Management*, Vol. 24, No. 05, August 2005.

Wheeler A R, Gallagher V C, Brouer R L, et al, "When person – organization (mis) fit and (dis) satisfaction lead to turnover: The moderating role of perceived job mobility", *Journal of Managerial Psychology*, Vol. 22, No. 2, February 2007.

Wood R E, George – Falvy J, Debowski S, *Motivation and information search on complex tasks*, Lawrence Erlbaum Associates Publishers, 2001.

Wu S, Lin C S, Lin T C, "Exploring knowledge sharing in virtual teams: A social exchange theory perspective", paper delivered to System Sciences, Proceedings of the 39th Annual Hawaii International Conference on IEEE, Kauai, HI, USA, January 4 – 7, 2006.